Fabian Moos

Eine Spiritualität der sozialökologischen Umkehr

Ignatianische Impulse
Herausgegeben von Stefan Kiechle SJ, Willi Lambert SJ
und Stefan Hofmann SJ
Band 91

Ignatianische Impulse gründen in der Spiritualität des Ignatius von Loyola. Diese wird heute von vielen Menschen neu entdeckt.

Ignatianische Impulse greifen aktuelle und existentielle Fragen wie auch umstrittene Themen auf. Weltoffen und konkret, lebensnah und nach vorne gerichtet, gut lesbar und persönlich anregend sprechen sie suchende Menschen an und helfen ihnen, das alltägliche Leben spirituell zu deuten und zu gestalten.

Ignatianische Impulse werden begleitet durch den Jesuitenorden, der von Ignatius gegründet wurde. Ihre Themen orientieren sich an dem, was Jesuiten heute als ihre Leitlinien gewählt haben: Christlicher Glaube – soziale Gerechtigkeit – interreligiöser Dialog – moderne Kultur.

Fabian Moos

Der Zukunft eine Zukunft geben

Eine Spiritualität der sozialökologischen Umkehr

echter

Bibliografische Information der Deutschen Nationalbibliothek:
Die Deutsche Nationalbibliothek verzeichnet diese Publikation in der Deutschen Nationalbibliografie; detaillierte bibliografische Daten sind im Internet über http://dnb.d-nb.de abrufbar.

Gedruckt auf umweltfreundlichem, chlorfrei gebleichtem Papier.

2., überarbeitete Auflage 2025

Echter Verlag | Dominikanerplatz 8 | 97070 Würzburg
Tel. 0931/66068-0 | info@echter-verlag.de | www.echter.de

Druck und Bindung: Friedrich Pustet, Regensburg
Printed in Germany
Umschlag: Roberto Meraner
ISBN
978-3-429-05650-6
978-3-429-05168-6 (PDF)
978-3-429-06537-9 (ePub)

Inhalt

Einleitung

Klima-Fachleute sind sich einig: Die Menschheit steht an einem Scheideweg. Entweder es gelingt in den unmittelbar nächsten Jahren eine grundlegende Transformation unserer Art und Weise, den Planeten Erde zu bewohnen, oder wir steuern auf eine humanitäre und biologische Katastrophe globalen Ausmaßes zu. Dabei sind wir bereits in einer allgemeinen Krisensituation, die eine extreme soziale Ungleichheit und eine wachsende Gefährdung der Demokratie einschließt. Die Herausforderung, vor der wir stehen, könnte kaum größer sein.

Immer mehr Menschen stellen sich angesichts dieser Situation spirituelle Fragen: Wie kann ich mit der Schwere der Krise persönlich umgehen? Wie kann ich mein Leben tatsächlich und ausreichend radikal ändern? Wie mich mit einer guten Haltung und ohne dabei kaputtzugehen für einen positiven Wandel einbringen? Wie mit den Frustrationen, den unlösbaren Konflikten und der um sich greifenden Hoffnungslosigkeit umgehen? Wo ist Gott in dem Ganzen? Um diese spirituellen Fragen soll es in diesem Buch gehen. Ein wesentlicher Punkt scheint mir dabei die Fähigkeit zu sein, freudig und kreativ an einer lebbaren Zukunft mitzubauen. Vor uns liegt ein überaus spannendes Kapitel der Menschheitsgeschichte! Papst Franziskus spricht davon in seinem Buch *Wage zu träumen!* (2020), in dem er dazu einlädt, die Chance tiefgreifender Veränderungen nach der Corona-Krise kreativ zu nutzen. Es entspricht auch meiner Erfahrung mit den vielen v. a. jungen Menschen, denen ich in der alternativen Business-Hochschule *Campus de la*

Transition in Forges südlich von Paris begegnete. Dort werden seit 2018 Studierende verschiedener Hochschulen sowie Menschen, die sich beruflich umorientieren, für die sozialökologische Transformation der Gesellschaft ausgebildet. Christinnen und Atheisten, Handwerker und Doktorinnen, Ingenieurinnen und Literaturstudenten, Konservative, Liberale und Linke begegnen sich dort, leben eine Zeit lang mit und kommen – hoffentlich – etwas ins Träumen. Die Welt von morgen wird bereits heute von ihnen erfunden. Ähnliche Erfahrungen mache ich nun auch seit dem Herbst 2023 im Nürnberger Ukama-Zentrum für sozial-ökologische Transformation, einer lebendigen Plattform für engagierte Menschen. Allen, die sich hier in verschiedenen Initiativen lokal oder national einbringen, verdanke ich enorm viel. Sie sind eine wesentliche Inspirationsquelle für dieses Buch.

Doch die wichtigste Inspiration sind für mich die sog. Exerzitien (EB = Exerzitienbuch) von Ignatius von Loyola sowie die Umwelt- und Sozialenzyklika *Laudato Si'* (LS) von Papst Franziskus. Eine der prägendsten Erfahrungen meines Lebens war es, anhand der Exerzitien Jesus Christus, seinen Beziehungsstil und seine Botschaft ganz neu zu entdecken und so mein Leben mit Gott zu vertiefen. Man kann die Exerzitien (»geistliche Übungen«) als einen Umkehrprozess beschreiben, um sich von lebensschädlichen Haltungen zu lösen und sich neu auf den Gott des Lebens auszurichten. Laudato Si' wiederum ist ein leidenschaftlicher Appell des Papstes, sich für die Erde, unser »gemeinsames Haus«, zu engagieren. Seit seinem Erscheinen 2015 begleitet mich dieser Text und ich entdecke immer wieder überraschende Seiten an ihm.

Im vorliegenden Buch nutze ich die Struktur der Exerzitien und kombiniere sie mit wichtigen Einsichten der Enzyklika und weiterer Texte des Papstes. Mein Grundgedanke ist, dass die verschiedenen »Phasen« des Exerzitienprozesses helfen können, wesentliche Aspekte einer »sozialökologischen Umkehr« zu verstehen, die den »Schrei der Erde« und den »Schrei der Armen« gleichermaßen hört und ernst nimmt. Ich richte mich primär an Leserinnen und Leser im deutschsprachigen Raum mit den bei uns spezifischen Bedingungen und Herausforderungen der Umkehr.

Nutzen Sie das Buch ganz so, wie es Ihnen hilfreich erscheint! Am Ende jedes Kapitels gibt es jeweils eine Reihe von Fragen und Übungen, die in die Tiefe führen wollen. Zögern Sie nicht, das Buch gemeinsam in einer Gruppe zu lesen und sich regelmäßig mit anderen über die Fragen und Übungen auszutauschen. Ein solcher Austausch wird meist als sehr hilfreich erlebt. Er ist auch bereits ein Teil der Antwort auf die gegenwärtige Krise, die uns herausfordert, »mit Netzen der Gemeinschaft« zu reagieren (LS 219). Sie finden außerdem verschiedene Literaturhinweise zur Vertiefung, v.a. aus *Laudato Si'*.

Ein Hinweis zur sprachlichen Form: Aus Gründen der Gendergerechtigkeit verwende ich hin und wieder eine feminine generische Form (»Expertinnen«), bei der alle Geschlechter mitgemeint sind.

Dieses Buch ist die Frucht eines vielfältigen Austausches mit anderen. Darum danke ich hier herzlich für die unschätzbar wertvollen Rückmeldungen auf mein Manuskript von Katharina, Jörg, Thomas, Moritz, Jonas, Arianna und Georg; danke auch an Sebastian, Claudia, Katharina, Garrett, Julien, Kathrin, Jacques und Gabriel für ihre Zeugnisse sowie an Willi und

Stefan für die geduldige und fruchtbare redaktionelle Begleitung. Allen Aktivistinnen und Aktivisten, die mir Hoffnung und Lust machen, weiterzugehen: Vergelt's Gott!

So bleibt mir nur noch, Ihnen ein offenes und großzügiges Herz und eine anregende Lektüre zu wünschen!

Spiritualität der Schöpfung

Das Leben ist ein Geschenk! In jedem Augenblick, bei jedem Atemzug empfangen wir uns neu. Die Hände, mit denen Sie gerade dieses Buch halten. Die Augen, mit denen Sie den Text lesen. Die Beine und die Sitzfläche. Den Atem, wie er kommt und geht.

Wir empfangen aber noch mehr: das Licht, das Ihnen das Lesen ermöglicht. Die Sitzgelegenheit, auf der Sie es sich bequem gemacht haben. Die Stille um Sie herum, aber auch die Nebengeräusche, die Ihnen zeigen, dass Sie nicht allein sind auf der Welt. Und schließlich das Buch selbst, das zu schreiben ich eine Weile gebraucht habe, an dem der Verlag weitergearbeitet hat, für das einige Bäume ihr Leben lassen mussten, das gedruckt, ausgeliefert und nun von Ihnen geöffnet wurde. Die kleinsten Bestandteile der Moleküle, aus denen dieses Buch besteht, waren schon kurz nach dem Urknall vorhanden. Sie liegen jetzt nur in einer anderen Zusammensetzung vor Ihnen. Der unglaublich riesige Rest der Materie ist irgendwo anders im gewaltigen Universum verstreut – oder in den Zellen, die Ihren eigenen Körper bilden. All dies – unser Leib, unsere menschlichen und nichtmenschlichen Beziehungen, die Erde, aus der wir gemacht sind, auf der wir uns tagaus, tagein bewegen und zu der wir eines Tages zurückkehren – und noch viel mehr ist uns geschenkt. Moment für Moment. Keiner von uns hat es »verdient«, es ist einfach da. Es geschieht als unaufhörlicher, komplexer Prozess, dessen Teil wir sind.

Der buddhistische Mönch und Schriftsteller Thich Nhat Hanh wiederholt oft die Aussage: »Das eigentliche Wunder ist, dass wir leben!« Er meint damit, dass wir die Wunder nicht in außergewöhnlichen Ereignissen suchen sollten, sondern im Bewusstsein, was uns hier und jetzt geschenkt ist. Das gilt auch für uns Christinnen und Christen. Wir glauben, dass dieses Geschenk des Lebens einen Geber, einen Ursprung hat: Gott. Er ist für uns mehr als ein »erster Beweger«, der das Universum ins Rollen gebracht und sich dann zurückgezogen hat – er schafft weiter, unaufhörlich, Augenblick um Augenblick. Er trägt die Welt durch seine liebende Gegenwart. Sofern ich das glaube – glaube ich es nur »mit dem Kopf« oder auch »mit dem Herzen« und »mit dem Leib«, d.h., sehe ich etwas davon in meinem eigenen Erleben der Schöpfung? In meinen Sinneswahrnehmungen und meinen inneren Reaktionen darauf, im Hören auf die Stimme der anderen Geschöpfe? Papst Franziskus schreibt: »Das Universum entfaltet sich in Gott, der es ganz und gar erfüllt. So liegt also Mystik in einem Blütenblatt, in einem Weg, im morgendlichen Tau, im Gesicht des Armen« (LS 223).

Am Beginn des Exerzitienprozesses legt Ignatius dar, dass der Sinn des menschlichen Lebens im Loben, Staunen (»Verehren«) und liebevollen Dienen liegt (vgl. EB 23). Das bezieht sich zunächst auf Gott. Doch wir wissen, dass die Gebote der Gottes-, Selbst- und Nächstenliebe innig miteinander verbunden sind (vgl. Mk 12,29–31). Man kann noch weiter gehen und sagen: Es sind drei Dimensionen, die stets gemeinsam wachsen. Papst Franziskus nimmt als vierte Dimension auch die Schöpfungsliebe hinzu:

»Wenn … das Herz wirklich offen ist für eine universale Gemeinschaft, dann ist nichts und niemand aus dieser Geschwisterlichkeit ausgeschlossen … Das Herz ist nur eines… Alles ist aufeinander bezogen, und alle Menschen sind als Brüder und Schwestern gemeinsam auf einer wunderbaren Pilgerschaft, miteinander verflochten durch die Liebe, die Gott für jedes seiner Geschöpfe hegt und die uns auch in zärtlicher Liebe mit ›Bruder Sonne‹, ›Schwester Mond‹, ›Bruder Fluss‹ und ›Mutter Erde‹ vereint« (LS 92).

Was kann uns helfen, diese wesentliche Erfüllung des Menschseins – Staunen, Loben, Dienen – in unserem Alltag zu entdecken und immer mehr »Fleisch werden« zu lassen? Ich meine, dass das ein zentraler Punkt ist. Man kann nur in dem Maße einen guten Umkehrprozess vollziehen, wie man »gut verwurzelt« ist, wie ein Baum, der einen festen Stand hat und dann getrost den Herausforderungen von Wind und Wetter trotzen kann.

Staunen: die Welt zu uns sprechen lassen

Um zu staunen, eine ehrfürchtige Haltung gegenüber etwas in der Wirklichkeit zu entwickeln, muss man zunächst *da* sein, im Hier und Jetzt. Franziskus schreibt:

»Wir sprechen von einer Haltung des Herzens, das alles mit gelassener Aufmerksamkeit erlebt; das versteht, jemandem gegenüber ganz da zu sein, ohne schon an das zu denken, was danach kommt; das sich jedem Moment widmet wie einem göttlichen Geschenk, das voll und ganz erlebt werden muss. Jesus lehrte uns diese Haltung, als er uns einlud, die Lilien des Feldes und die Vögel des Himmels zu betrachten, oder als er in der Gegenwart eines unruhigen Mannes diesen ansah und ihn liebte (vgl. Mk 10,21). Ja, er war jedem Menschen und jedem Geschöpf gegenüber ganz da, und so zeigte er uns einen Weg, die krankhafte Ängstlichkeit zu überwinden, die uns oberflächlich, aggressiv und zu hemmungslosen Konsumenten werden lässt« (LS 226).

Ich erinnere mich an eine Situation in meiner Studienzeit in Erlangen: In meinem letzten Studienjahr verbrachte ich viele Tage in der Bibliothek und lernte für die Abschlussprüfungen. Doch mit der Zeit wuchs ein Gefühl von Panik, weil mir bewusst wurde, dass ich niemals alles lesen und behalten konnte, was zu lernen war. Je länger die Lernzeiten pro Tag wurden, desto verspannter wurde ich und desto größer wurde die Panik. Was mir sehr geholfen hat, war, jeden Tag kurze Spaziergänge durch den Botanischen Garten zu machen und einfach zu schauen und wahrzunehmen. Wie viel gibt es in einem Garten im Frühling zu bestaunen! Ich konnte spüren, wie sich dabei die Verspannungen lösten. Die Angst war dadurch nicht weg, aber entmachtet, und ich konnte danach wieder klarer sehen, was wesentlich war.

Ganz in der Gegenwart zu sein ist sehr einfach, aber nicht unbedingt leicht. Es beginnt damit, die Aufmerksamkeit für eine gewisse Zeit bewusst auf die eigenen Körperempfindungen und Wahrnehmungen zu richten – ohne gleich darüber nachzudenken oder etwas zu bewerten. Gefühle und Gedanken dürfen sein, man kann sie freundlich annehmen und wieder ins Wahrnehmen zurückkehren. Später ist wieder Zeit zum Nachdenken über die Probleme in unserem Leben und in der Welt.

Obwohl wir leibliche Wesen sind, werden wir in unserer Kultur häufig nicht ermutigt, ganz in der Gegenwart zu sein. Zum einen sollen wir uns dem Multitasking widmen und so unsere Aufmerksamkeit auf viele

Dinge auf einmal verteilen. Eine gelassene Aufmerksamkeit auf eine einzelne Sache, eine einzelne Person, die uns jetzt gegenübersteht, ist selten der Fall, wir sind es schlicht nicht gewohnt. Zum anderen wissen wir, wenn wir einmal im Hier und Jetzt angekommen sind, häufig nicht, wie wir mit der Gedankenflut aus dem Gestern und dem Morgen umgehen können. Aus der Vergangenheit kommt oft ein Gefühl von Ärger (über andere, über uns selbst, über die Welt) oder ein Schwelgen in schönen Erinnerungen. Die Zukunft drängt mit Angstgefühlen oder mit Tagträumen in unser Bewusstsein.

Im Jetzt aber ist Fülle. Angst, Ärger, Erinnerungen und Träume treten in den Hintergrund. Im Hier und Jetzt habe ich Zugang zu Gott, und zwar über meinen Leib, der »Tempel des Heiligen Geistes« ist (1 Kor 6,19). Gott ist dann kein Resultat meines Nachdenkens, sondern er *zeigt* sich. So wie sich mir die Wirklichkeit öffnet, wenn ich wahrnehmend dabei verweile.

Vielen hilft es, regelmäßig Sport, Achtsamkeitsübungen, Yoga oder Qi Gong zu machen, zu tanzen, zu wandern, zu singen – oder irgendeine andere Form von körperlicher oder handwerklicher Übung zu pflegen, die ins Hier und Jetzt holt. Menschliche Beziehungen, zweckfreie gemeinsam verbrachte Zeit und tiefe Begegnung, in denen man das miteinander teilt, was einen bewegt, sind ein weiterer Zugang in die Gegenwart Gottes. Wenn ich solchen Dingen Raum gebe, merke ich, wie die Welt mehr und mehr zu sprechen beginnt, wie ihr Zauber erwacht. Die Haltung der Ehrfurcht bei Ignatius, das Staunen, ist die Fähigkeit, bei diesem Zauber zu verweilen. Wage ich es, in meinem Alltag Zeiten für ein solches Verweilen freizuhalten, für ein »qualifiziertes Nichtstun« (Simon Peng-Keller) jenseits der Alternative von zielgerichteter Aktivität oder Schlaf?

Loben: das Gute und Schöne benennen

Wer *da* ist und staunt, hat womöglich das Bedürfnis, die Schönheit und Tiefe, die er oder sie erlebt, zu benennen und Gott dafür zu danken. Künstlerischer Ausdruck und Dankgebet liegen dabei eng zusammen. Sie sind Teil eines Beziehungsgeschehens zwischen uns, Gott und der Schöpfung. Das »Loben« feiert das Gute, Wahre und Schöne. Es ist wunderbar, dass diese Dinge da sind, doch es ist noch wunderbarer, dem Lob dafür Zeit und Raum zu geben.

Im Alten Testament sind beispielsweise die Dank-Psalmen Zeugnisse davon, wie die Gaben der Schöpfung gelobt und gefeiert werden, in teilweise überschwänglichen Bildern:

»Preise den HERRN, meine Seele! / HERR, mein Gott, wie überaus groß bist du! / … Du lässt Quellen sprudeln in Bäche, / sie eilen zwischen den Bergen dahin. / Sie tränken alle Tiere des Feldes, / die Wildesel stillen ihren Durst. / Darüber wohnen die Vögel des Himmels, / aus den Zweigen erklingt ihr Gesang. / Du tränkst die Berge aus deinen Kammern, / von der Frucht deiner Werke wird die Erde satt. / Du lässt Gras wachsen für das Vieh / und Pflanzen für den Ackerbau des Menschen, / damit er Brot gewinnt von der Erde / und Wein, der das Herz des Menschen erfreut, / damit er das Angesicht erglänzen lässt mit Öl / und Brot das Herz des Menschen stärkt« (Ps 104,1; 10–15).

Papst Franziskus lädt in seinem apostolischen Lehrschreiben *Querida Amazonia* (»geliebtes Amazonien«) dazu ein, sich in das Amazonas-Gebiet regelrecht zu verlieben! Der ganze Text steckt voller kürzerer und längerer Zitate aus Gedichten. Der Stil von Franziskus selbst hat etwas sehr Poetisches. In der Nr. 46 zitiert er den brasilianischen Dichter Vinicius de Moraes mit den Worten: »Nur die Poesie, mit der Bescheidenheit ihrer Stimme, wird diese Welt retten können.« Was für eine starke Aussage! Nur »kontemplative und prophetische Dichterinnen und Dichter« können die Schönheit und das Leiden der Schöpfung wirklich wahrnehmen. Und diese Art von Dichtkunst steckt in uns allen!

Worte, die Lob ausdrücken, können eine starke Kraft entfalten. So können wir in einen Dankespsalm oder ein Loblied einstimmen und davon erfüllt werden. Wir können aber auch selbst in Worten, Bildern oder Bewegung Dank und Lob ausdrücken. Aus der Betrachtung der Schönheit des Waldes oder des Meeres wächst ein »Danke!« hervor und womöglich noch viel mehr. Die eigene Kreativität kann eine Antwort auf das stille »Wort« der Kreation, der Schöpfung, sein.

Auch im mitmenschlichen Bereich macht es einen großen Unterschied, ob ich zu einer »Kultur des Lobes« beitrage oder nicht. Häufig haben wir den Blick stark auf die Unvollkommenheiten in der Welt, in anderen und in uns selbst gerichtet. Sich bewusst zu fragen, wofür man konkret loben kann, macht einen Riesenunterschied. Das habe ich als Lehrer in der Schule oft erlebt: Gerade Kinder und Jugendliche, die häufig schlecht bewertet werden, fangen dann an aufzublühen, wenn sie konsequent für positive Entwicklungen, und seien sie noch so gering, gelobt werden.

Es ist eine Frage der Blickrichtung, diese Dinge zu sehen und zu benennen – denn sie sind ja da!
Das ist kein »Wegharmonisieren« der Probleme der Welt. Im Gegenteil sind das Danke-Sagen und das Loben Tugenden, die häufig gerade unter schwierigen Umständen heranreifen und Kraft gewinnen.

Dienen: für andere da sein

Ganz dasein, staunen, loben – all das hilft, sich tief in Gott zu verwurzeln. Doch wir haben neben dieser Gabe des Lebens auch eine *Auf*gabe. »Ich habe euch dazu bestimmt, dass ihr euch aufmacht und Frucht bringt und dass eure Frucht bleibt«, sagt Jesus (Joh 15,16). Wo wir frei und auf unsere eigene Weise etwas Bedeutsames tun, für andere, für die Welt, für Gott, dort geschieht ebenfalls Verwurzelung. Christlich sprechen wir von »Dienst«. Dienst im Geist des Evangeliums ist auf das Wohl des anderen ausgerichtet und zugleich sinnerfüllend für die freizügig Gebenden. Manche dürfen es in ihrem Beruf immer wieder erleben, dass sie Bedeutsames für andere tun. Für viele spielt sich das vor allem in Familie, Freundeskreis und Ehrenamt ab. Wo auch immer man etwas davon spüren mag – es geht nicht darum, großartige und weltbewegende Dinge zu tun. Die Frage ist schlicht: Hat diese Dimension des erfüllenden Dienstes in meinem Leben einen Raum?
Es gibt auch den Dienst gegenüber Gott – Gebet oder Meditation, das Leben der Sakramente und Gottesdienste im engeren Sinn. Bei all diesen Dingen schenke ich Gott Zeit, obwohl ich auch »Besseres zu tun« hätte. Doch diese geschenkte Zeit kann nach und nach ihre Frucht in mir entfalten. Denn wenn ich bei-

spielsweise immer wieder mit den Geschichten der Bibel in Berührung komme – das ist die große Erzählung des Bundes zwischen Gott und den Erdenbewohnern –, können sie meinen Glauben und mein Leben prägen und inspirieren. Außerdem gibt es kein stärkeres Symbol für die besondere Rolle des Menschen in der Schöpfung als die Eucharistie: Wir bringen Gott die von Menschenhand weiterverarbeiteten Früchte der Erde (Brot, Wein) dar und lassen sie von ihm wandeln; wir empfangen daraufhin Ihn selbst und gehen verwandelt wieder in die Welt hinaus, um als Mitarbeiter und Mitarbeiterinnen Gottes an ihrer Transformation mitzuarbeiten. Das ganze Geschehen ist ein einziger gemeinschaftlicher Lobpreis, ob mit Liedern oder in Stille. Einige Theologen der frühen Kirche nannten den Menschen daher »das eucharistische Wesen«. Was den Menschen gegenüber den Tieren auszeichnet, ist demnach nicht primär die Vernunft, sondern die Fähigkeit, Danke zu sagen (»Eucharistie« heißt wörtlich »Danksagung«) und in einer Vermittlerposition zwischen Gott und der Materie an deren Transformation mitzuwirken. So wie das Getreide durch das Werk menschlicher Hände zu Brot wird, so sind wir eingeladen, in einen fruchtbaren Austausch mit den Gaben der Schöpfung zu treten. Wenn wir das auf verantwortungsvolle Weise tun, erfüllen wir unsere ureigenste Berufung!

Indifferenz: frei sein, um unterscheiden zu können

Zu einer christlichen Schöpfungsspiritualität gehört auch eine innere Freiheit gegenüber allen geschaffenen Dingen dieser Welt. Ignatius gibt für die Exerzi-

tien den Hinweis, dass wir uns innerlich bewusst frei machen (und befreien lassen) sollen, wenn wir einen wirklichen Weg der Umkehr zum Leben gehen wollen. Er nennt diese Haltung »Indifferenz« oder auch »Freiheit des Geistes«. Es geht darum, grundsätzlich bereit zu sein, auch Dinge loszulassen, die an sich gut sind (Reichtum, Ehre, Gesundheit, ein langes Leben …), und zwar dann, wenn die Ausrichtung darauf uns auf dem Weg zu Gott hinderlich ist. Das Ziel ist, immer stärker mit Gott verbunden zu leben. An manche Dinge haben wir uns schlicht gewöhnt, sie sind Bedürfnisse geworden; und doch könnten wir freier und erfüllter leben, wenn wir diese Bedürfnisse mit der Zeit abbauen würden. Das kann man nicht »machen«, man kann aber bereit sein, sich auf einen solchen Weg einzulassen. Gibt es Dinge in Ihrem Leben, bei denen Sie spüren, dass Sie freier wären, wenn Sie sie loslassen würden?
Wenn wir gut verwurzelt sind, können wir uns innerlich freier einlassen (Ignatius würde sagen: uns »indifferent« machen). Wenn uns bewusst ist, dass uns das Wesentliche geschenkt wird, können wir uns für die Möglichkeit öffnen, einige unwesentliche Dinge bleiben zu lassen.

Eine Spurensuche

Ich möchte Sie einladen, nach den Spuren der drei Haltungen (Staunen, Loben, Dienen) sowie nach der inneren Freiheit (»Indifferenz«) in Ihrem Leben zu suchen – wann und wo sind sie vorhanden? Welche Erfahrungen machen Sie damit?
Zur Vertiefung empfehle ich das 6. Kapitel von *Laudato Si'*: »Ökologische Erziehung und Spiritualität«.

Fragen für Reflexion oder Austausch

- Was hilft mir, präsent und in meinem Leib zu Hause zu sein? Spazierengehen, Sport, ein Handwerk …?
- Gibt es Orte in der Natur, die für mich bedeutsam sind?
- Wofür und für wen bin ich in meinem Leben besonders dankbar?
- Was bringt mich ins Staunen?
- Wo und wann erlebe ich, dass ich für andere etwas Bedeutsames tue?
- Gibt es in Gebet und Gottesdienst Momente, die mich tragen?
- Gab es Situationen in meinem Leben, in denen ich wichtige Veränderungen vorgenommen habe, aber aus einer inneren Freiheit heraus, ohne mich zu etwas gezwungen zu fühlen? Wenn ja, was hat mir dabei geholfen? Wenn nein, was hätte ich dazu gebraucht?

Übungen

- Versuchen Sie einmal, möglichst bewusst und mit allen Sinnen eine Mahlzeit zu sich zu nehmen. Achten Sie auf alle Details: den Geschmack der verschiedenen Speisen, einzelner Kräuter oder Gewürze oder auch den Geschmack des Wassers; die Gerüche, das Aussehen, die leisen Geräusche … Wie fühlt sich das alles an, was tut sich in Ihnen, wenn Sie das alles aufmerksam wahrnehmen, ohne darüber nachzudenken?
- 2-min-Check-up: Halten Sie mehrmals am Tag inne (z.B. zwischen zwei Tätigkeiten) und machen Sie

einen kurzen »Körperscan«. Sie könnten sich fragen: Was sagt mir mein Körper in diesem Moment (Wie müde bin ich? Wo sind Verspannungen? …? Welche Emotionen empfinde ich gerade?) Wenn Sie wollen, können Sie das, was Sie bewegt, kurz innerlich vor Gott aussprechen.

– Lassen Sie am Abend den Tag Revue passieren, benennen Sie fünf Dinge, für die Sie dankbar sind, und danken Sie Gott dafür! Wenn Sie wollen, führen Sie darüber Tagebuch. Je einfacher und knapper die Einträge sind, desto eher werden Sie auch längere Zeit dabeibleiben. Vielleicht reicht eine kleine Strichliste jeden Abend oder Morgen (je nachdem, ob Sie eher ein Abend- oder Morgentyp sind). Gehen Sie hin und wieder, z.B. wöchentlich, die Listen der vergangenen Tage durch und lassen Sie sich überraschen, welche Empfindungen von Dankbarkeit und Freude noch einmal spürbar werden.
– Bringen Sie Ihren Dank für die Schöpfung, für das, worüber Sie sich freuen, kreativ zum Ausdruck – in einem Gedicht, einem Bild, einem Psalm, einem Lied, einem Tanz … Sie brauchen das Ergebnis niemandem zu zeigen, es ist nur für Sie selbst und für Gott bestimmt!

Spiritualität der Umkehr

Nach dem »Prinzip und Fundament« fordert Ignatius in der ersten Phase der Exerzitien (»Erste Woche«) dazu auf, die Realität der Sünde anzuerkennen und sich bewusst davon abzuwenden.

Was bedeutet Sünde? Es ist gerade die Nicht-Annahme des geschenkten Lebens, eine Beschädigung des Beziehungsnetzes, in das wir eingebettet sind. Alles ist uns geschenkt, aber nicht immer gehen wir mit diesem Geschenk verantwortungsvoll um. Das griechische Wort »pistis«, das im Neuen Testament steht, bedeutet sowohl Glaube als auch Vertrauen. Wir können also sagen: Glaube ist Vertrauen. Sünde ist Leben aus einer unbestimmten Angst heraus. Die konkreten »Sünden« sind eine Folge dieser Angst: Man sucht alle möglichen Arten von Sicherheiten, um das mangelnde Vertrauen zu ersetzen. Der Theologe Paul Beauchamp drückt es so aus: »Sünde heißt: dem Tod glauben«. Statt dem Leben zu trauen, das uns das Wesentliche schenkt, lassen wir uns von der Angst treiben, alles verlieren zu können. Diese Angst können wir nicht bekämpfen, aber wir können uns in Vertrauen üben – und die Angst wird mit der Zeit immer weniger bestimmend sein. Es gibt aber Momente, in denen Menschen an einen Scheideweg geführt werden. Sie stehen vor der Entscheidung: Gottvertrauen oder Angst um sich selbst. Das sind wesentliche Momente einer Umkehr. »Leben und Tod lege ich dir vor, Segen und Fluch. Wähle also das Leben, damit du lebst, du und deine Nachkommen. Liebe den HERRN, deinen Gott, höre auf seine Stimme und halte dich an ihm fest; denn er ist dein Leben« (Dtn 30,19b–20a).

Eine wirkliche Umkehr geschieht nicht aus Angst vor Strafe, sondern in freier Annahme von Gottes entgegenkommender Liebe. Das wiederum schließt die Abkehr von etwas ein, das als lebensschädlich erkannt wird – für uns und für spätere Generationen.
Wie kann man den Blick auf das Thema der Sünde lenken, ohne in eine ungute Dynamik von Schuldzuweisungen und schlechtem Gewissen zu geraten? In den Exerzitien (Nr. 50–52) gibt Ignatius erst die Sünde der Engel zur Betrachtung, dann diejenige der Erzeltern Adam und Eva und schließlich die persönlichen Sünden. Eine ähnliche Bewegung will ich im Folgenden vorschlagen: Von der strukturellen Sünde, für die ich selbst nichts kann, hin zu meiner eigenen Verantwortung. Dabei greife ich die Themen des ersten Kapitels von *Laudato Si'* auf eigene Weise auf.

Der Blick nach nebenan

Wir leben in einer hochtechnisierten Welt. Die Digitalisierung ist die jüngste Stufe einer Reihe von Entwicklungen, die für uns mit einem Gewinn an neuen Freiheiten und Komfort einhergehen. Gleichzeitig fußt sie auf einer Ausbeutung von Mensch und Natur in anderen Teilen der Welt. Das sei am Beispiel des Smartphones verdeutlicht: Zu seiner Herstellung werden Rohstoffe wie Eisen, Kupfer, Aluminium, Nickel, Zink, Indium, Tantal und Gold benötigt. Sie kommen in der Regel aus Dutzenden verschiedener Länder. Das Gold für die Leiterplatten wird beispielsweise häufig in der Demokratischen Republik Kongo in illegalen Minen abgebaut, die unter der Kontrolle von Milizengruppen stehen. Die Arbeiter in solchen Minen haben oft keinen Vertrag unterzeichnet und keinerlei Rechte. Das im Abbau verwendete Quecksilber vergiftet die Minenarbeiter und hinterlässt dauerhaft vergiftete Landschaften und Flussläufe. Das Gold wird anschließend häufig mit Gold aus anderen Minen verschmolzen und dann ohne jegliche Steuern über Zwischenhändler in eine internationale Handelsplattform gebracht, etwa nach Dubai, von wo aus es schließlich nach China in die Produktionsstätten transportiert wird. Auch bei der Produktion der Einzelteile des Smartphones und bei ihrem Zusammenbau sind die Arbeitsbedingungen häufig sehr problematisch, viele Arbeiterinnen bekommen einen so niedrigen Lohn, dass sie gezwungen sind, Überstunden zu machen, um überleben zu können. Fast alle Gewinne aus dem Smartphone-Geschäft gehen an die großen Herstellerfirmen in den USA, Europa und Japan. Gleichzeitig werden die Geräte oft absichtlich so gebaut, dass wir sie nach wenigen Jahren austauschen müssen, weil sie veraltet sind. Auch die Werbung suggeriert uns, dass wir bald ein neues Gerät brauchen. Es greift zu kurz, diese Situation als Übergangsphänomen der Entwicklung von Ländern zu verstehen. Aufgrund des enormen Drucks der Globalisierung wandert die Produktion weiter, wenn sie an einem Ort zu teuer wird. Die billigen Preise bei uns fußen notwendigerweise auf den »billigen« Abbau- und Produktionsbedingungen woanders. Aber auch wenn es eine durchweg positive Linie der Entwicklung gäbe, bleibt doch die Tatsache, dass unser Lebensstil heute mit einer ausbeuterischen Struktur verknüpft ist.

Weltweit geht die Schere zwischen Arm und Reich immer weiter auseinander. Laut einer Oxfam-Studie von 2017 besitzen die acht reichsten Milliardäre genauso viel wie die ärmere Hälfte der Weltbevölkerung. Die finanzstärksten globalen Unternehmen bereichern sich immer mehr und werden immer weniger von nationalen oder internationalen Regulierungen kontrolliert. Es ist sehr verständlich, wenn die »Verlierer der Globalisierung« immer weniger Vertrauen in ihre Regierungen haben. Längerfristig gefährdet das die Demokratie. Viele Soziologinnen sehen in dem Erstarken antidemokratischer Parteien eine Folge der wachsenden Ungleichheit.

Der Blick nach unten

Gehen wir noch einen Schritt weiter. Der »Blick nach unten« zeigt, dass das Verhältnis zwischen Menschheit und Erde in eine tiefe Krise geraten ist. Die Menschheit als Ganzes greift derart massiv in die Stoffkreisläufe und lebendigen Systeme der Erde ein, dass sie grundlegend in ihrem Funktionieren gestört werden. Experten nennen diese jüngste Phase der Erdgeschichte, in der menschliche Aktivität der bestimmende Faktor ist, »Anthropozän« (das Zeitalter des Menschen). Der entscheidende Faktor ist dabei die Entdeckung der fossilen Energiequellen (Kohle, Öl, Gas). Vereinfacht ausgedrückt stellen diese einen unvorstellbar großen Speicher von Energie dar. Ein Barrel Erdöl, das über mehrere Millionen Jahre entstanden ist, kann innerhalb weniger Minuten verbrannt werden, wodurch der Mensch plötzlich über eine nie da gewesene Macht über die materielle Welt verfügt, und zwar in einem doppelten Sinn: Er kann sie zum einen bewusst zu seinem Nutzen bearbeiten. Zum anderen wird sie allerdings auch durch die zahlreichen Abfallprodukte (Müll, giftige Stoffe, Treibhausgase usw.) dauerhaft beeinträchtigt. Die gesamte gesellschaftliche Entwicklung seit der Industrialisierung ist ohne diese tiefgreifende Veränderung im Verhältnis zwischen Mensch und Erde nicht denkbar. Egal ob Bahn oder Flugzeug, Telefon oder KI, moderner Kapitalismus oder Sozialismus: All diese Entwicklungen fußen wesentlich auf fossiler Energiegewinnung. Das gilt auch für Errungenschaften wie Demokratie, Arbeiterrechte oder friedliche internationale Beziehungen, denn sie setzen stets eine gewisse materielle Basis voraus.

Unsere gesamte Erde ist ein komplexes System von Systemen mit bestimmten Belastungsgrenzen. Langsame Veränderungen können integriert werden. Es gibt aber Kipppunkte, ab denen systemische Veränderungen unumkehrbar werden. Das ist der Fall für den Klimawandel, aber auch für die Artenvielfalt, das saubere Trinkwasser, den Nitrathaushalt, die Ozeanversauerung und andere »planetarische Grenzen«, deren Überschreitung eine Bedrohung für das Leben auf der Erde und v.a. für unser eigenes Überleben darstellt. Das Anthropozän ist das Erdzeitalter, in dem der Mensch durch fossile Energiegewinnung seine eigenen Möglichkeiten entgrenzt und dabei die Begrenztheit der Erde vergessen hat.

Der Blick nach vorn

Auch unsere Nachkommen werden Grundbedürfnisse nach sauberem Trinkwasser, ausreichend Lebensmitteln und Lebensraum haben, aber auch ein Recht auf Wohnung, Bildung, Sicherheit und persönliche Entfaltung. Man kann schwer vertreten, dass die Menschenrechte für sie nicht mehr gelten sollten. Der »Blick nach vorn« zeigt aber, dass auf einem Planeten, dessen Ökosysteme stark beeinträchtigt sind, all diese

Rechte zukünftiger Generationen massiv gefährdet sind. Um nur ein Beispiel zu nennen: Derzeit leben etwa 1,6 Milliarden Menschen (v.a. in Afghanistan, Pakistan, Indien, Bangladesch und Myanmar) von Trinkwasser, das aus den Gletschern des Himalayas kommt. Wenn diese verschwinden, was aufgrund des Klimawandels früher oder später eintreten kann, wird die Frage nach Trinkwasser für diese Menschen eine existenzielle Bedrohung. Fachleute erwarten daher große Flüchtlingsströme auf der ganzen Welt im Laufe des 21. Jahrhunderts.

Voraussichtlich werden wir in den kommenden Jahrzehnten immer mehr und immer stärkere Symptome der ökologischen und sozialen Krise erleben. Der Blick nach vorn kann dafür sensibilisieren, dass wir Teil einer Dynamik sind, deren Entwicklungsrichtung grundsätzlich problematisch ist. Wir haben diesem Wirtschaftssystem viel zu verdanken, und dennoch ist es nicht in unserem Interesse, es beizubehalten. Papst Franziskus drückt es so aus: »[A]bgesehen von jeglicher Katastrophenprognose ist sicher, dass das gegenwärtige weltweite System unter verschiedenen Gesichtspunkten unhaltbar ist« (LS 61).

Es kommen große Veränderungen auf uns zu, es geht lediglich darum, wie groß diese Veränderungen sein werden und wie viel davon wir bewusst gestalten und wie viel wir schlicht erleiden werden. Ein sinnvolles Ziel wäre, Gesellschaften aufzubauen, die nicht nur möglichst wenig Ressourcen verbrauchen, sondern auch »resilient«, d.h. widerstandsfähig gegen kleinere und größere Krisen sind. Solche Krisen können weitere Pandemien, aber auch Wirtschaftskrisen oder andere Krisen sein. Die Corona-Pandemie hat gezeigt, wie wenig krisensicher die Gesellschaft derzeit ist: Der

Stillstand der Wirtschaft ist nur aufgrund immens hoher Staatsausgaben auszugleichen, aber nicht unendlich lang, nur für einen Teil der Bevölkerung in Deutschland und überhaupt nur für relativ reiche Länder. Arme und marginalisierte Menschen sind auch hier die Leidtragenden.

Der Blick nach innen

Die psychischen Probleme in den »entwickelten« Ländern nehmen in den letzten Jahrzehnten immer mehr zu: Seien es klinische Erkrankungen wie Burnout und Depressionen oder allgemeinere Phänomene wie Vereinsamung, Zukunftsängste und Entfremdung von sich selbst und der Gesellschaft, immer mehr zeigen sich Krisensymptome im inneren Erleben der Menschen. Der spirituelle Kern dieses Erlebens hat häufig mit einem tief empfundenen Getrenntsein von den anderen und von der Welt zu tun. Als Beziehungswesen finden wir Erfüllung in gelingenden Beziehungen. Wenn aber gesellschaftlich die sehr wichtige Wertschätzung des Individuums in die Ideologie eines extremen Individualismus umschlägt, werden die Einzelnen voneinander abgekapselt. Es entsteht eine Leere, die dann teilweise mit zahlreichen oberflächlichen Bedürfnissen zugekleistert wird. Wer im Herzen zutiefst allein ist, wird sich umso mehr an alle möglichen Konsumgüter klammern: bestimmte Nahrungsmittel, Netflix-Serien, Kaufhandlungen, Reisen, Social Media. Vieles ist interessant und kann uns eine Zeit lang beschäftigen, nichts kann aber die dahinterliegende Leere füllen, da sie dazu da ist, von Beziehung erfüllt zu werden. Die genannten Dinge sind nicht schlecht an sich und können durchaus zu lebendiger Begegnung führen; problematisch sind sie in dem Maße, in dem sie von anderen trennen und eine Illusion von Selbstgenügsamkeit aufbauen. Es gibt einen Unterschied zwischen einem Film, der mich tief bewegt und zu einem intensiven Austausch mit anderen führt, und einer Serie, die mich zwar berauscht, mir aber auch die Nächte raubt und mich von den Menschen in meiner Umgebung trennt. So ist es meines Erachtens zu verstehen, wenn Papst Franziskus vom »Virus des Individualismus« spricht, der das am schwierigsten zu bekämpfende Virus sei (*Fratelli Tutti* Nr. 105). Erfüllung finden wir in gelingenden Beziehungen zu anderen Menschen, zur Schöpfung, zu Gott. Sie kosten nichts und sind unbezahlbar. Man kann sich für sie einsetzen, sie aber nie erzwingen. Statt wirkliche Beziehung zu suchen, bevorzugen wir oft den Konsum, denn diesen können wir genau kontrollieren – seine »Pseudo-Erfüllung« erscheint uns besser als das Risiko der Beziehung, bei der wir zunächst investieren müssen, ohne zu wissen, was am Ende für uns herausspringt.

Angst vor der Angst?

Zum »Blick nach innen« gehören auch die Schutzmechanismen, die viele von uns mit der Zeit entwickelt haben, um die emotionale Wirkung der allgemeinen Krise von uns zu halten: etwa zahlreiche Ablenkungen, so dass wir nie Zeit haben, uns mit der Krise zu beschäftigen; eine Flucht in die Haltung, dass wir keine Experten sind und womöglich die Probleme nicht wirklich selbst verstehen können; bis hin zu intellektueller Verharmlosung oder frontaler Leugnung des Problems.

Dahinter steckt bei vielen eine mehr oder weniger diffuse »Angst vor der Angst«. Wir ahnen: Wenn wir wirklich an uns heranließen, wie es um die Welt steht, könnte uns das ziemlich hart treffen und zutiefst verunsichern. Damit ist die Angst vor einem Kontrollverlust verbunden. Und diese Angst ist wiederum keineswegs unbegründet. Seit Jahren gibt es eine steigende Zahl vor allem junger, gut ausgebildeter Menschen, die eine sogenannte »Eco Anxiety« erleben, also Angstzustände angesichts der ökologischen Katastrophe und der Zukunft der Menschheit. Es ist mehr als verständlich, dass wir Schutzmechanismen entwickeln, um uns vor dem Abgrund zu bewahren. Oder dass sich Menschen im Extremfall an Ideologien klammern, durch die bestimmte Leute die um sich greifende Angst ausnutzen, um andere zu manipulieren.

Man sollte niemandem vorwerfen, Angst zu haben. Die Frage ist vielmehr, ob man sich von ihr gefangen nehmen lässt, ob man »dem Tod glaubt« – oder sie stattdessen als Warn- und Weckruf versteht. Umkehr im Sinne des Evangeliums beginnt dann, wenn Angst angenommen und dem Licht der Barmherzigkeit Gottes ausgesetzt wird.

Wir sitzen alle im selben Boot: das Konzept der strukturellen Sünde

Die Menschheit als Ganzes übt durch ihr Handeln Druck auf die globalen Ökosysteme aus. In der Forschung wurden verschiedene Indikatoren entwickelt, um diesen Druck zu berechnen und Orientierung für politische Entscheidungen zu geben. Wichtig ist dabei, sich nicht auf nur einen Bereich der Umweltbelastung zu beschränken (etwa auf den CO_2-Ausstoß), da die anderen Bereiche (Biodiversität, Wasserverbrauch etc.) ebenfalls von enormer Bedeutung sind. In der Transformationsdebatte wird immer mehr der »ökologische Rucksack« als Indikator verwendet, der die Ressourcenverbräuche misst, die mit der Rohstoffgewinnung, der Herstellung, dem Gebrauch, dem Recycling und der Entsorgung eines Produktes verbunden sind. Der CO_2-Ausstoß fließt dabei indirekt in die Berechnung ein, denn er steht immer mit Ressourcenverbräuchen zur Energiegewinnung in Verbindung. Ein Smartphone verbraucht beispielsweise etwa 75 Kilogramm materielle Ressourcen pro Jahr, ein Kilometer Fahrt mit einem PKW verbraucht etwa 500 Gramm. Derzeit ist der durchschnittliche Pro-Kopf-Ressourcen-Verbrauch in Deutschland bei etwa 30 Tonnen pro Jahr. Nachhaltig wäre ein sogenannter »One-World-Lifestyle«: ein Lebensstil, der die Grenzen des Planeten respektiert und weltweit verallgemeinerbar ist. Die Idee dahinter ist, dass alle Menschen eine gleiche Würde und einen gleichen Wert haben und dass niemand per se ein Recht auf einen größeren Verbrauch hat als andere. Nach den Berechnungen des Wuppertaler Instituts für Klima, Umwelt, Energie hätte dieser verallgemeinerbare Lebensstil einen ökologischen Rucksack von maximal acht Tonnen pro Kopf und pro Jahr. Das wäre ein ressourcenleichter Lebensstil, der, wenn wir ihn bis 2050 erreichen würden, auch mit dem Ziel des Pariser Klima-Abkommens vereinbar wäre.

Jetzt kommt aber der Haken: Als Einzelperson ist es praktisch fast unmöglich, auf einen so niedrigen Wert zu kommen. Die überwiegende Mehrheit der nötigen Einsparungen hängt von politischen Entscheidungen ab. Die enormen Ressourcenverbräuche für Energie und Heizung sind v.a. von politischen Rahmenbedingungen bestimmt. Die komplette Infrastruktur ist auf eine bestimmte Weise der Mobilität und auf bestimmte Ernährungsmuster ausgerichtet, viele etablierte Berufe hängen an problematischen Industriezweigen, eine stetige Steigerung (!) des Konsums ist nötig, damit das Wirtschaftswachstum erhalten bleibt, das wir nach den aktuellen Rahmenbedingungen für die Rente, die Sozialversicherung oder das Bildungssystem benötigen. Und selbst wenn ich es als Einzelner schaffen würde, sehr wenig zu konsumieren, ist der Effekt gleich null, wenn der Rest der Gesellschaft weiterlebt wie bisher. Das Problem ist strukturell: Wir sitzen alle im selben Boot.

Theologisch nennt man das »strukturelle Sünde«. Ich tue Dinge, die ethisch fragwürdig sind, d.h., ich beschädige das Beziehungsnetz, in das ich eingebunden bin, allerdings ohne es bewusst entschieden zu haben, einfach weil es »normal« ist. Franziskus scheut sich in Bezug auf diese Normalität nicht, von einem »strukturell perversen System« zu sprechen (LS 52). Ich lebe auf eine Weise, die dazu beiträgt, die Ressourcen der Erde zu plündern und späteren Generationen einen schwer bewohnbaren Planeten zu hinterlassen; ich bin indirekt beteiligt an der strukturellen Ausbeutung anderer Menschen und der Ausrottung unzähliger Geschöpfe Gottes, ob ich es will oder nicht. Dadurch mache ich mich mit-verantwortlich. Gleichzeitig bin ich nicht im gleichen Maße schuldig, wie wenn ich einem anderen Menschen direkt Gewalt antun würde. Die Effekte sind indirekt, in die Zukunft versetzt und ich sehe sie selbst nicht. Dennoch werde ich mir vielleicht eines Tages sagen müssen: Ich habe darum ge-

wusst, aber habe nicht diesem Wissen entsprechend gehandelt.
Was uns als normal vorkommt, ist in Wahrheit ein Eingebundensein in problematische Strukturen. Sozialökologische Umkehr schließt ein, diese Normalität zu hinterfragen.

Antwort geben auf einen Ruf: die Idee der Verantwortung

Angesichts solcher komplexen Verhältnisse hat Hans Jonas die sog. Verantwortungsethik entwickelt. Jeder und jede kann sich die Frage stellen, welche »Antwort« er oder sie auf die Situation geben will, ausgehend von der konkreten eigenen Position. Eine Bürgermeisterin steht vor anderen Entscheidungen und hat andere Handlungsspielräume als ein arbeitsloser alleinerziehender Vater. Aber alle stehen in der Verantwortung, ihren Teil beizutragen. Es geht im Kern um die Frage: *Wie kann ich persönlich – an meinem Ort, mit meinen Möglichkeiten und in den Gruppen, in die ich eingebunden bin – zu einem strukturellen Wandel beitragen?* Welche vielfältigen Bereiche und Möglichkeiten es hierbei gibt, werden wir ab dem nächsten Kapitel näher betrachten.
Auch Gesellschaften stehen in der Verantwortung gegenüber anderen Ländern. Wenn historisch der gigantische Großteil der Treibhausgase von den reichen Ländern emittiert wurde, es aber v.a. die armen Länder sind, die den Preis dafür zahlen, müssten wir diesen ärmeren Ländern dann nicht auch deutlicher unter die Arme greifen – finanziell, technisch, ideell?
Der Beginn einer persönlichen Umkehr ist oft die Sehnsucht nach einem kohärenteren Leben, die sich

meldet. Wir würden gerne im Einklang mit dem leben, was wir richtig finden, in versöhnten Beziehungen zu anderen und zur Schöpfung. Als Christin oder Christ kann man diese Sehnsucht vor Gott tragen und ihn wie in dem bekannten Lied aus der Fastenzeit bitten: »Bekehre uns, vergib die Sünde! Schenke, Herr, uns neu dein Erbarmen« (Gotteslob Nr. 266). Sozialökologische Umkehr ist ein längerer Prozess, der nicht von heute auf morgen passiert und der nur dann positiv gelebt werden kann, wenn das grundsätzliche Vertrauen da ist: Gott ist es, der uns zur Umkehr ruft – und uns gleichzeitig das Leben in Fülle verheißt!

Zur Vertiefung empfiehlt sich an dieser Stelle das erste Kapitel von *Laudato Si'*: »Was unserem gemeinsamen Haus widerfährt« (Nr. 17-61).

Fragen für Reflexion oder Austausch

- Welches ökologische oder soziale Problem berührt Sie persönlich ganz besonders und warum? Wenn Sie möchten, informieren Sie sich in der nächsten Zeit etwas mehr darüber – z.B. über den Klimawandel, die Privatisierung des Wassers in Lateinamerika, das Artensterben, die Suizidrate unter Landwirten, die Folgen der industriellen Landwirtschaft … Informieren Sie sich so, dass Sie einer Freundin oder einem Freund erzählen können, worum es geht und warum Sie das Thema bewegt.
- Welche Gefühle haben Sie, wenn Sie von der sozialen und ökologischen Krise oder anderen großen Problemen hören? Was hilft Ihnen, mit diesen Gefühlen umzugehen? Wann ist für Sie eine emotionale Grenze überschritten und was tun Sie dann?

– Was ist wohl Ihr größter persönlicher Beitrag zu dieser Krise? Ihr Reiseverhalten, Ihr Beruf, Ihre Kauf- und Konsumgewohnheiten …? Wo haben Sie Verantwortung und könnten auch anders entscheiden? Wo könnten Sie Gutes tun und tun es nicht (Jak 4,17)? Haben Sie den Mut, ehrlich hinzuschauen – ohne sich anzuklagen oder gleich irgendetwas ändern zu wollen. Es kann nützlich sein, dazu den eigenen »ökologischen Rucksack« zu ermitteln (https://www.ressourcen-rechner.de/).

Übungen

– Werfen Sie für einige Tage einen anderen Blick auf Ihre konkrete Umwelt und die Objekte Ihres Alltags – den Weg vor dem Haus, die Pflanzen im Garten, die Lebensmittel, die Sie essen, die elektronischen Geräte, die Sie verwenden … Welche Geschichte würden Ihnen diese Dinge erzählen, wenn sie sprechen könnten? Über ihre Herkunft, ihre Freuden, ihre Leiden?
– Wenn Sie möchten, schreiben Sie einen Text, ein Gedicht oder einen Psalm, in dem Sie in einfachen Worten ausdrücken, ob und wie die Welt, die Sie umgibt, zu Ihnen spricht. Oder darüber, was sich in Ihnen tut angesichts der Dinge, die Sie erleben oder mit denen Sie sich beschäftigen.
– Behalten Sie den abendlichen Rückblick bei – danken Sie Gott für fünf konkrete Dinge, die Ihnen an diesem Tag geschenkt wurden. Fügen Sie ggf. eine weitere Sache hinzu (nur wenn sich etwas Entsprechendes zeigt): Wenn Ihnen eine Schuld bewusst wird, bitten Sie um Vergebung. Und schließlich bitten Sie um Hilfe und Beistand für sich selbst und

andere Geschöpfe, die Ihnen am Herzen liegen. Auch hier geht es um möglichst konkrete Dinge. So ergibt sich eine einfache 3er-Struktur für das Abendgebet: »Danke. Verzeihung. Bitte.«

Spiritualität der Unterscheidung

Die Welt ist komplex und paradox! Vieles ist in Bewegung und von überallher kommen Handlungsaufforderungen auf mich zu. Wie soll ich als Einzelperson den Überblick nicht verlieren und mich entscheiden, welchen Weg ich gehen soll? Welche Handlungsimpulse kommen von Gott und welche nicht?
In der ignatianischen Tradition spricht man von »Unterscheidung der Geister«, wenn jemand sich solche Fragen stellt. Das Ziel ist, am Ende eine Grundlage für eine Handlungsentscheidung zu haben. Es geht dabei nicht zwangsläufig um eine Lebensentscheidung, aber immer um bedeutsame Fragen wie: Wo will ich mich engagieren? Welcher Organisation will ich etwas spenden? Wen will ich wählen? Wofür meine Zeit verwenden? Wofür mein Leben einsetzen? Dazu braucht es gute Kriterien.
In der Dynamik der ignatianischen Exerzitien entspricht die Unterscheidung der »zweiten Phase«, die im Wesentlichen aus drei Elementen besteht: einer Betrachtung des Lebens Jesu und seiner Weise, erfüllt und hingebungsvoll zu lieben; einem Durchdringen zu den tieferen Wurzeln des Problems, um auch die Antwort darauf tief verwurzeln zu können; und einem suchenden Beten mit verschiedenen konkreten Optionen, um dem eigenen Leben eine Richtung und eine Form zu geben – die Frage der Berufung. Beginnen wir mit dem Leben Jesu.

Der »grüne« Jesus

Jesus aus Nazareth war kein »Öko«. Das Thema war zu seiner Zeit noch nicht bekannt. Und dennoch ist er als der vollkommene Mensch auch der vollkommene »Erdenbewohner« und kann uns viel darüber beibringen, wie wir erfüllt und einfach leben können. Wir sind aufgefordert, Gott radikal zu vertrauen und »mit leichtem Gepäck« über die Erde zu gehen: Wie die Vögel des Himmels und die Lilien des Feldes sollen wir Tag für Tag leben und lieben und zuerst sein Reich und seine Gerechtigkeit suchen, nicht die eigene Absicherung (Mt 6,25–34). In den Armen und Bedürftigen erscheint uns das Antlitz Jesu selbst – wenn wir unsere Energie und unser Leben für sie einsetzen, dienen wir Gott (Mt 25,31–46). Am Ende werden wir womöglich wie die »Gerechten« und die »Verfluchten« im Gleichnis den Herrn fragen: Wer sind die Armen, denen wir gedient oder nicht gedient haben? Und überrascht werden wir feststellen, dass wir unser ganzes Leben lang sehr viel stärker in Verbindung zu ihnen standen, als es uns bewusst war. Die spannende Frage ist aber: Welche Dynamik wird am Ende bestimmend gewesen sein, der liebevolle Dienst an den anderen oder die ängstliche Abschottung und Absicherung gegen das »Risiko«, ihnen zu begegnen?

Können wir uns vorstellen, dass das Reich Gottes, das Jesus verkündet hat, mit der Ausbeutung der Schöpfung durch den Menschen vereinbar ist? Über viele Jahrhunderte hat die Theologie die Bedeutung der Natur stark vernachlässigt. Teilweise dachte man, dass es allein auf den Menschen ankommt. Gleichzeitig gab es immer andere Strömungen der Theologie und viele Christinnen und Christen, die sich aktiv für eine

andere Beziehung zur Natur einsetzten. Wie können wir heute den Glauben an Jesus Christus verstehen, ohne die Fehler der Vergangenheit zu wiederholen?
Vielleicht so: Gottes Schöpfung hat einen Anfang gesetzt. Seitdem trägt und erhält er diese Welt Augenblick um Augenblick. Die verschiedenen Lebewesen haben im Lauf der Evolution immer mehr Freiheit entwickelt. Größere Freiheit bedeutet auch eine größere Möglichkeit, liebevoll in Beziehung zu treten. Der Mensch ist der Höhepunkt dieser Entwicklung – aber mit der Freiheit ist auch die Fähigkeit zur Sünde und zur egoistischen Abkapselung gewachsen. Mit Jesus ist Gott selbst Mensch geworden und hat durch seinen Tod und seine Auferstehung die messianische Zeit der Kirche in Gang gesetzt. In dieser Phase sind wir immer noch. Orientiert am Beispiel Jesu können wir unser Leben gestalten und so zur Vollendung der Schöpfung beitragen. Das gilt auch für diejenigen, die Jesus nicht oder noch nicht als Messias erkennen – wer aus Glauben (das heißt: Vertrauen), Hoffnung und Liebe lebt, nimmt Teil am Werk der Vollendung der Schöpfung.
Es gibt ein »ewiges Leben vor dem Tod«: Überall dort, wo Menschen zum Glauben befreit sind, leben sie aus dem Bewusstsein, zutiefst beschenkt zu sein. So kann der Verfasser des ersten Johannesbriefs sagen: »Dies habe ich euch geschrieben, damit ihr wisst, dass ihr ewiges Leben habt, denn ihr glaubt an den Namen des Sohnes Gottes« (1 Joh 5,13). Wenn mir aber das Wesentliche geschenkt ist, kann ich mich für Begegnungen öffnen sowie für die tatsächlichen und überraschenden Möglichkeiten der Zukunft, die mir entgegenkommen. Das »ewige Leben nach dem Tod« ist für Glaubende ebenfalls eine solche Zukunftsmöglichkeit,

vor der wir eines Tages plötzlich stehen. Ein reines Geschenk, doch es mag nicht schaden, sich bis dahin beherzt im Empfangen zu üben.

Als Christinnen und Christen haben wir das Glück, eine »alternative Erzählung« zu haben, die weder dem »Weltuntergang« noch der naiven Vorstellung eines geradlinigen »Fortschritts« entspricht. Die Bibel erzählt uns die Geschichte Gottes mit seiner Schöpfung und mit der Menschheit. Dazu gehört auch die Verheißung einer Erfüllung am Ende der Zeiten. Die ganze Schöpfung ist unterwegs zu dieser neuen Schöpfung, einem »neuen Himmel« und einer »neuen Erde« (Offb 21,1).

»Denn wir wissen, dass die gesamte Schöpfung bis zum heutigen Tag seufzt und in Geburtswehen liegt. Aber nicht nur das, sondern auch wir, obwohl wir als Erstlingsgabe den Geist haben, auch wir seufzen in unserem Herzen und warten darauf, dass wir mit der Erlösung unseres Leibes als Söhne [und Töchter] offenbar werden. Denn auf Hoffnung hin sind wir gerettet« (Röm 8,22–24a).

Der Weg zur Vollendung geht nicht ohne Schmerzen, Widersprüchlichkeiten und Probleme. Doch am Ende steht eine Verheißung. Der spezifisch christliche Beitrag zum vor uns liegenden gesellschaftlichen Wandel könnte ein *Leben aus Hoffnung* sein: Gott will seine Schöpfung zur Vollendung führen und in Jesus Christus hat er uns einen Weg gezeigt, wie das gehen kann. »Gott wollte mit seiner ganzen Fülle in ihm wohnen, um durch ihn alles zu versöhnen« (Kol 1,19). Ein befreites Leben, Denken, Handeln aus dieser konkreten Hoffnung heraus kann einschwingen in das Wirken des Heiligen Geistes, der bereits überall in der Welt wirkt, wo Schritte in die richtige Richtung gegangen werden. Wir Christinnen und Christen *tun* nicht unbedingt andere Dinge, wir können aber an den Kämpfen der Menschen für ein würdiges Leben und eine zukunftsfähige Welt teilnehmen und dabei *eine Haltung und eine Interpretation beitragen*, die Jesus selbst uns durch seine Lebensweise nahelegt: sein selbstloser Dienst, seine radikale »Gastfreundschaft«, die andere urteilsfrei annimmt, sein Leben aus Glaube, Hoffnung und Liebe.

Wenn Sie dieses Thema weiter vertiefen wollen, kann ich Ihnen eine weitere Leseempfehlung geben: Das zweite Kapitel von *Laudato Si'* ist eine bewegende und inspirierende Zusammenfassung dessen, was Jesus und die christliche Tradition uns heute zur Ökologie sagen können. Es mag überraschen, dass dieser Schatz des ökologischen Blickwinkels auf den Glauben über Jahrhunderte relativ unbekannt geblieben ist.

Gehen wir nun noch einen Schritt weiter. Wie können aus dem Evangelium Jesu Christi Leitlinien für ein politisches Handeln für mehr Gerechtigkeit abgeleitet werden? Das ist seit dem Ende des 19. Jahrhunderts das Thema der *Katholischen Soziallehre*. Die Sozialenzyklika *Laudato Si'* von Papst Franziskus steht in dieser Tradition. Ein Blick in diesen Text kann helfen, zu den tieferen Wurzeln unserer Krise durchzudringen und auch einer möglichen Antwort darauf die notwendige Tiefe zu geben.

Zwei Banner

Papst Franziskus ist überzeugt, dass hinter der sozialökologischen Krise ein spirituelles Problem liegt. Er drückt es so aus, dass sich weltweit das sogenannte »technokratische Paradigma« durchgesetzt hat. Ein Paradigma ist ein allgemeines Denkmuster, das die Gedanken, Gefühle und Handlungen von Menschen prägt und in eine bestimmte Richtung lenkt. Dagegen schlägt der Papst ein anderes Paradigma vor, das der »ganzheitlichen Ökologie«.

Ich glaube, dass Papst Franziskus bei dieser Gegenüberstellung stark von der sogenannten »Zwei-Banner«-Betrachtung geprägt ist (EB 136–148). Sie ist eine der zentralen Übungen der ignatianischen Exerzitien. Darin wird die übende Person eingeladen, sich Christus und dessen Gegenspieler Luzifer als Heerführer vorzustellen, die sich beide jeweils an ihre Untergebenen wenden, um sie in die Welt auszusenden. Dabei geben sie ihnen ihre »Strategie« mit, wie sie die Menschen auf ihre Seite ziehen sollen. Luzifer empfiehlt, dass zunächst die Sehnsucht nach Reichtum geweckt werden soll, anschließend die Ehrsucht und schließlich der Hochmut – und von dort aus geht es »zu allen übrigen Lastern«. Christus hingegen empfiehlt die Einladung zu Armut im Sinne des Evangeliums, zu »Schmähungen und Verachtetwerden« um Christi willen und schließlich Demut – daraus entwickeln sich dann die übrigen Tugenden.

Die Sprache und die Bilder dieser Übung sind für uns heute zum Teil schwer zugänglich, im Kern geht es aber um eine auch für uns gültige spirituelle Erkenntnis: Es gibt eine ungute innere Dynamik, die bestimmte Bedürfnisse in Abhängigkeiten verkehrt (materielle Anhäufung, Anerkennungssucht, Selbsterhöhung), was zu destruktivem Verhalten führt. Auf der anderen Seite gibt es eine positive Dynamik, die bewusst Abstand von solchen Abhängigkeiten nimmt und auf der Freiheit des Evangeliums fußt. Worauf wir unser Leben aufbauen, hat Auswirkungen auf die ganze Lebensführung. Die Zwei-Banner-Betrachtung zeigt, dass es wichtig sein kann, in seinem Leben eine »radikale« Entscheidung zu treffen: von vornherein auf die richtige »Wurzel« in sich zu setzen. Denn vom Stamm über die Äste bis hin zu den Blättern und Früchten wird alles von dieser Wurzel geprägt sein.

Möchtegern-Alleinherrscherin oder spiritueller Teamarbeiter?

Nach dem »technokratischen Paradigma« ist jeder Mensch ein isoliertes Ich, alle anderen Personen sind potenzielle Konkurrenten in der Befriedigung der eigenen Bedürfnisse. Die Weise, Beziehungen zu gestalten, geschieht in Kategorien der Herrschaft und des Besitzens. Der Mensch ist in diesem Sinne auch Herr über die Erde und darf mit ihr machen, was er will. Der innere Motor des menschlichen Handelns ist dabei eine diffuse Ängstlichkeit. Das Anhäufen von Gütern und von Konsummöglichkeiten soll Sicherheit geben. Durch den Konsum entsteht aber keine tiefe und dauerhafte Zufriedenheit, sondern ein Gefühl von Getriebensein, eine latente Müdigkeit und eine Sucht nach immer mehr. Die eigenen Bedürfnisse sind prinzipiell grenzenlos, und Grenzen werden im Allgemeinen als bedrohlich erlebt. Daraus erwachsen Gesellschaftsformen, in denen sich Menschen als Konkurrenten und potenzielle Feinde gegenüberstehen und die Ressourcen der Erde regelrecht auspressen, ohne Rücksicht auf katastrophale Folgen für andere lebende Menschen, für spätere Generationen und für die Natur. In der Wirtschaft entspricht dies der Vorstellung eines grenzenlosen Wachstums, das die Begrenztheit der Erde ausklammert. Die Logik der

Technik bestimmt die Gesellschaft (was möglich ist, muss versucht werden), Ethik ist nachrangig. Wenn es Probleme gibt, so ist man überzeugt, dass die Technologie sie lösen wird, während sich die Gesellschaft an sich nicht ändern muss. Ein extremes Beispiel hierfür ist »Geo-Engineering«: Nach diesen Plänen sollen etwa Aerosole (Gemische aus Schwebeteilchen in einem Gas) in immensen Mengen in die Atmosphäre entlassen werden, um die Sonneneinstrahlung auf der Erde zu reduzieren – obwohl man überhaupt nicht weiß, welche womöglich katastrophalen Folgen das für das komplexe Erdsystem haben könnte. Dies will man aber nach dieser Logik eher in Kauf nehmen, als die eigene Lebensweise zu hinterfragen.

Wechseln wir nun die Sichtweise. Nach dem Paradigma der »ganzheitlichen Ökologie« ist der Mensch von vornherein in zahlreiche Beziehungen eingebunden. Er empfängt sich von seinem Schöpfer und lebt in vielfachen Beziehungen zu anderen Menschen und zur ganzen Schöpfung. Die Beziehungsgestaltung ist durch eine Begegnung auf Augenhöhe und Demut gekennzeichnet sowie durch eine gegenseitige Fürsorge und eine Fähigkeit zur Zusammenarbeit. Der Mensch ist nicht von der Schöpfung getrennt und ihr nicht überlegen, sondern selbst ein Teil von ihr. Die Erde gehört ihm nicht, er hat aber eine besondere Verantwortung für sie übertragen bekommen. Der innere Motor des menschlichen Handelns sind dann Dankbarkeit und Uneigennützigkeit. Zumindest einige Handlungen sind altruistisch motiviert. Aus dem Bewusstsein der tiefen Verbundenheit mit der Schöpfung wachsen Begeisterung und Kreativität sowie die Fähigkeit, aus sich selbst herauszugehen und über sich hinauszuwachsen. Grenzen können angenommen und auch selbst gesetzt werden. Die eigenen Bedürfnisse bestimmen nicht alles, eine froh gelebte Genügsamkeit ist möglich. Eine Fähigkeit, der Wirklichkeit gegenüber präsent zu sein, auch unabhängig von Konsum, kann sich entwickeln. Dieser inneren Wirklichkeit entsprechen Formen von Gesellschaft, in denen Fürsorge für andere und für die Schöpfung, Kooperation, Dialog und Solidarität gelebt werden.

Im Kern geht es um die Frage: Leben wir ängstlich auf Kosten anderer oder vertrauensvoll mit und für andere? Die meisten von uns leben wahrscheinlich ein bisschen aus beiden Paradigmen. Welche ist die Dynamik, der ich in mir Raum geben und die ich stärken will?

Um die gesellschaftlichen Folgen der beiden Paradigmen zu verdeutlichen, schauen wir uns im Folgenden ein fiktives Beispiel für den deutschen Kontext an, das nicht aus *Laudato Si'* stammt, aber die Einsichten der Enzyklika verdeutlicht. Die beiden Paradigmen sind so grundlegend, dass sie auch unser Träumen von einer wünschenswerten Zukunft beeinflussen. Bei solchen Utopien kann das Böse durchaus in Gestalt eines »Lichtengels« auftreten, d.h. unter dem Anschein des Guten.

Eco Town

Gehen wir zunächst nach *Eco Town*: Diese Kleinstadt ist hochgradig technisiert und smart, alles ist miteinander vernetzt und läuft reibungslos, nirgendwo gibt es Warteschlangen. Die Energie stammt zu 100 Prozent aus Sonnen- und Windenergie in lokaler Produktion. Alle Bürgerinnen und Bürger bewegen sich dank ihrer Elektroautos, der Verkehr wird zentral geregelt, so dass es kaum Stau gibt. Ein Teil der Lebensmittel wird synthetisch produziert, etwa Fleisch und Milch, so dass weniger Tierbetriebe notwendig sind. Eco Town ist klimaneutral: Die Menge an Treibhausgasen, die etwa durch die Stromproduktion entsteht, wird durch das Pflanzen von Bäumen im angrenzenden Kommunalwald wieder ausgeglichen. Die ansässigen Firmen sind mehrheitlich in den Bereichen High-Tech Engineering und Dienstleistungen tätig, die Produktion wird in Afrika und Asien getätigt. Die Arbeitslosigkeit ist gering, die regionale Wirtschaft boomt (ordentliches BIP-Wachstum), die Steuern fließen, so dass auch die Kassen der Sozialversicherung gefüllt sind.

Das klingt doch wunderbar, nicht wahr? In der Tat ist Eco Town die konsequente Verlängerung unseres aktuellen Entwicklungsmodells. Dieses hat aber einige Haken. Das Entscheidende geschieht hier quasi »hinter den Kulissen«. Wer hat eigentlich das Sagen in Eco Town? Es sind die zwei, drei besonders großen ansässigen Konzerne, die die regionale Politik in weiten Teilen bestimmen, genau genommen deren Finanzaktionäre, die überhaupt nicht in der Stadt selbst wohnen. Sobald die Bürgermeisterin die zahlreichen sozialen Probleme (z.B. die wachsende Ungleichheit) strukturell angehen will, wird sie im Stadtparlament durch die Firmenlobbys blockiert. Tatsächlich ist die politische Beteiligung der Bürgerinnen und Bürger gering, man hat ohnehin nicht den Eindruck, etwas ändern zu können. Die Freizeit ist mit Konsum gut gefüllt und gesättigt, es gibt scheinbar wenig Bedarf, vor die Tür zu gehen oder sich zu engagieren. Aber das ist nicht alles. Wie ökologisch ist das Leben in Eco Town wirklich? Tatsächlich wird der ökologische

Rucksack der Menschen immer schwerer, denn es kommen immer mehr Konsummöglichkeiten hinzu, die einen hohen ökologischen Preis haben. Der kommunale Wald kann schön gepflegt werden, gleichzeitig fußt der Ressourcenabbau in anderen Ländern, von dem die Bewohnerinnen und Bewohner von Eco Town abhängig sind, auf einer Ausbeutung von Mensch und Natur. Außerdem sind die Ressourcen nicht unendlich vorhanden und sobald es sie einmal nicht mehr gibt, droht unmittelbar eine Existenzkrise. Obwohl Eco Town wie eine Lösung aussieht, ist es in vielerlei Hinsicht eher Teil des Problems.

Ökohausen

Wechseln wir nun die Blickrichtung und schauen wir uns Ökohausen an. Schon das äußere Erscheinungsbild ist anders: Die öffentlichen Plätze sind großzügig bepflanzt und künstlerisch gestaltet, es gibt dort sogar kollektive Gärten, an denen man sich auf einer eigenen Parzelle beteiligen kann. Das politische Leben und die Vereine und Gemeinschaften sind bunt und sehr sichtbar, es gibt regelmäßige Feste und öffentliche Diskussionen über die aktuellen Fragen. In wenigen Jahren kam es zu überraschenden Neuerungen, die von den Bewohnerinnen und Bewohnern selbst eingebracht wurden. Die Arbeitszeit wurde reduziert, was mehr Zeit für nichtbezahltes nachbarschaftliches oder gesellschaftliches Engagement, für künstlerische Betätigung und Freizeit lässt. Die meisten Firmen haben neue »Governance«-Strukturen entwickelt, sie funktionieren jetzt beispielsweise als Kooperativen, in denen die Arbeitenden selbst am Unternehmen beteiligt sind. Die Maximalgehälter sind auf das Zwölffache des Minimalgehalts gedeckelt. Es gibt auch in Ökohausen einiges an Hightech in den Häusern und Betrieben, aber ergänzend auch innovative Low-Tech-Verfahren, d.h. solche, die wenig Material und Energie benötigen und mehr auf körperlicher Arbeit und Geschick beruhen, was Arbeitsplätze sichert und einen direkteren Kontakt mit den Früchten der eigenen Arbeit ermöglicht. Die Produktion ist so zu einem guten Teil wieder in die Region zurückgekehrt, ohne die Einbindung in die Globalisierung ganz aufzugeben. Es gibt eine lokale Produktion von Wind- und Sonnenenergie, doch es wird auch effektiv in intelligente Isolierung und in die Reduktion des Energiebedarfs investiert. Viele Produkte werden in regionalen Kreisläufen hergestellt, gekauft und verwendet. Die meisten Lebensmittel stammen aus der Region, und ein Teil davon aus kooperativen städtischen Gärten: Für drei Stunden Mitarbeit pro Woche ist man später an den Erzeugnissen beteiligt. Die Menschen reisen weniger häufig in die Ferne und bewegen sich in der Stadt vor allem zu Fuß, mit dem Fahrrad und mit Elektrobussen. Der tatsächliche ökologische Rucksack der Bürgerinnen und Bürger hat sich drastisch reduziert, er ist jetzt bei etwa 8 Tonnen pro Kopf und pro Jahr. Die Stadtpolitik orientiert sich seit einigen Jahren nicht mehr am Wirtschaftswachstum, sondern an einem alternativen Wohlstandsindikator, der ökologische und soziale Faktoren als zentral ansieht. So wird auch Offenheit für die Geflüchteten gelebt, die in den letzten Jahren angekommen sind, und Projekte in ärmeren Ländern werden finanziell und personell unterstützt. In der letzten Wirtschaftskrise erwies sich die lokale Wirtschaft als resilient. Auch Ökohausen ist nicht vollkommen, es gibt weiterhin viele Probleme, doch es herrscht insgesamt eine Kultur, die es ermöglicht, diese Probleme anzusprechen und konkret anzugehen.

Eco Town und Ökohausen sind beides Versuche, Stadtpolitik ökologisch zu gestalten. Dabei ist Eco Town letztlich von einer Dynamik des technokratischen Paradigmas bestimmt und Ökohausen von der ganzheitlichen Ökologie. Wenn eine Gesellschaft (oder Stadt) mehr nach dem einen oder mehr nach dem anderen Paradigma denkt, handelt und sich ausrichtet, kommt mehr und mehr die eine oder die andere Art von gesellschaftlichem Leben dabei heraus.

Wenn Sie möchten, können Sie zur Vertiefung die Kapitel 3 und 4 von *Laudato Si'* lesen, wo die beiden Paradigmen mit lebendigen Beispielen näher ausgeführt werden.

Kriterien für eine Unterscheidung der Geister

Nach welchen Maßstäben können wir bestehende Initiativen des Wandels bewerten und neue ins Leben rufen? Ausgehend vom Evangelium und von der ganzheitlichen Ökologie, wie sie in *Laudato Si'* ausgeführt wird, kann man etwa folgende objektive Kriterien festhalten:

- Suche nach ganzheitlichen Lösungen: Werden eine Veränderung persönlicher Lebensstile *und* struktureller Gegebenheiten anvisiert? Eine technologische *und* gesellschaftliche Weiterentwicklung? Ökologische *und* sozial gerechte Lösungsansätze? Eine Förderung von lokaler *und* globaler Widerstandsfähigkeit (»Resilienz«) gegen künftige Krisen? Weltweite *und* intergenerationelle Gerechtigkeit?

- Anerkennung und Setzen von Grenzen: Besteht eine Illusion von grenzenlosem Gebrauch unbegrenzter Ressourcen, oder werden absolute planetare Grenzen wahr- und ernst genommen? Wird ausgehend von einer ethischen Reflexion bewusst Begrenzung und Genügsamkeit (Suffizienz) gefördert?
- Kreative Kombination von Alt und Neu: Wird das Alte oder Neue komplett verworfen (futuristische Träume oder »Zurück ins Mittelalter«) oder sind technologische und soziale Innovationen angezielt, die Bewährtes oder Vergessenes wieder aufgreifen und mit völlig neuen Elementen verbinden?
- Orientierung an wünschenswerten Zukünften: Steht eine positive und anziehende Vision von Gesellschaft im Hintergrund? Wird eingeladen zum gemeinsamen Träumen und zu einem hoffnungsvollen Engagement in Richtung dieser Vision?
- Gewisser Vorrang des Konkreten: Entstehen alternative Orte mit Netzen von Gemeinschaft, die etwas Positives ausstrahlen? Stimmen das Reden und Handeln überein, d.h., wird wirklich etwas von dem Wandel gelebt, von dem gesprochen wird?
- Gewisser Vorrang der Form: Stehen Kooperation, Dialog und Partizipation im Vordergrund? Werden angezielte Veränderungen als komplexe Prozesse ernst genommen, die nicht ganz gesteuert werden können? Sind eine sachliche Effektivität und eine ethische und demokratische Grundhaltung zusammengedacht? Werden Kultur, Kunst und Ästhetik einbezogen?

Diese Kriterien stehen in einem engen Zusammenhang mit den zentralen Prinzipien der Katholischen Soziallehre: Würde der Person, Subsidiarität, Solidarität, Gemeinwohl, universelle Bestimmung der Güter,

Partizipation, Option für die Armen, Gerechtigkeit, Liebe. Wenn Sie diese Punkte vertiefen wollen, finden Sie Literaturhinweise am Ende dieses Buches.

Fragen für Reflexion oder Austausch

- Was bedeutet Ihnen Jesus Christus? Haben Sie schon einmal die Erfahrung gemacht, dass er Sie lockt und zu etwas einlädt? Haben Sie schon einmal die Sehnsucht verspürt, ihm nachzufolgen und sich in Ihrem konkreten Leben von ihm inspirieren zu lassen?
- Kennen Sie die Dynamiken der beiden »Paradigmen« aus Ihrem eigenen Leben? Wann handeln Sie mehr aus dem einen, wann mehr aus dem anderen? Welche Art von Mensch möchten Sie gerne werden und was könnte Ihnen helfen, in diese Richtung zu wachsen?

Übung

- Vielleicht haben Sie Lust, alternative Orte und Projekte zu besuchen und sich von ihnen inspirieren zu lassen. Am meisten bringen oft persönliche Begegnungen voran: Menschen, die sich auf den Weg gemacht haben und die ihre Erfahrungen erzählen. Mit wem würden Sie gerne einmal einen Kaffee trinken gehen?

Exkurs: Die Perspektive der Transformation

Bisher habe ich den spirituellen Prozess von Umkehr und Unterscheidung aus einer christlichen Perspektive betrachtet. Nun möchte ich Sie einladen, einen Blick auf das zu werfen, was in der Gesamtgesellschaft gerade im Gange ist. Auch das gehört zu einem »weiten Blick« dazu: Nicht nur die sozio-ökologische Krise ist real, auch der Wandel hin zu einer besseren Welt geschieht bereits.

Seit einigen Jahrzehnten gibt es sowohl eine Forschungsgemeinschaft als auch viele Akteurinnen und Akteure der Zivilgesellschaft, die sich für einen tiefgreifenden Wandel der Gesellschaft aus ethischen Gründen einsetzen. Der gängigste Begriff für diesen Wandel ist *sozialökologische Transformation*. Damit ist eine Veränderung gemeint, die weder gewaltvoll ist (blutige Revolution) noch ein bloßes »Greenwashing« des Jetztstands (Reform). Sie kann aber durchaus krisenhafte Momente aufweisen. Es ist die Idee, dass sich Gesellschaften ohnehin immer wieder gewandelt haben und es auch in Zukunft tun werden – und darauf können wir auch aus ethischen Gründen Einfluss nehmen. Die Transformationsperspektive ist prinzipiell positiv: Menschen wollen im Grunde gut leben und gut miteinander umgehen und sind in der Lage, für eine bessere Welt zusammenzuarbeiten.

Es ist wichtig zu verstehen, dass sich der Nachhaltigkeitsdiskurs in den letzten Jahren sehr stark gewandelt hat. Zu Beginn ging es darum, »Umweltverschmutzung« einzudämmen und zu verhindern, was zu neuen Gesetzen geführt hat, um Flüsse zu säubern,

Wälder zu bewahren usw. Später kam stärker ins Bewusstsein, dass es ein strukturelles Problem aufgrund unserer fossilen Energiegewinnung gibt – seitdem investieren Regierungen in erneuerbare Energien, Elektroautos und dergleichen. Bis hier bleibt das Entwicklungsmodell unserer Gesellschaften noch unhinterfragt. Neue Gesetze und neue Technologien sollen es richten. Beides ist auch unbedingt nötig – allerdings ist in der Forschung heute klar, dass es darüber hinaus wesentliche gesellschaftliche und kulturelle Veränderungen braucht, damit die Menschheit die Erde auch noch in Zukunft bewohnen kann. Hier spricht man nun von einer sozialökologischen Transformation, die unsere ganze Lebensweise und unser Selbstverständnis als Menschen betrifft.

Uwe Schneidewind, einer der berühmtesten Transformationsforscher in Deutschland und ehem. Oberbürgermeister von Wuppertal, spricht in seinem Standardwerk *Die Große Transformation* (2018) von sieben »Wenden«, vor denen wir stehen: die Wohlstands- und Konsumwende, die Energie-, die Ressourcen-, die Mobilitäts- und die Ernährungswende, die urbane und die industrielle Wende. Für jeden Bereich nennt er eine Fülle von Beispielen, wo bereits Schritte in die richtige Richtung gegangen werden. Orientierung gibt dabei die Idee der »nachhaltigen Entwicklung«, wie sie von den Vereinten Nationen definiert wurde. Dies würde allerdings verlangen, sich von der immer noch unhinterfragten neoliberalen Wirtschaftspolitik der letzten Jahre zu verabschieden, die durch Privatisierungen, Sozialabbau und Deregulierung der Märkte geprägt waren sowie vom Wirtschaftswachstum als entscheidendem Kriterium von Wohlstand.

Moralische Revolutionen

Gab es schon einmal einen solchen tiefgreifenden Wandel aus ethischen Gründen? Ein historisches Beispiel dafür könnte die Abschaffung der Sklaverei sein, auf der für lange Zeit wesentliche Teile der Weltwirtschaft beruhten. Kwame Anthony Appiah beschreibt an diesem Beispiel, wie »moralische Revolutionen« gesellschaftlich vor sich gehen. Erst ignoriert man in der Öffentlichkeit das Problem (Sklaverei entspricht der Norm, auch wenn es bereits Stimmen dagegen gibt); dann gibt man zu, dass das Problem existiert, sieht aber nicht den persönlichen Bezug dazu; anschließend erkennt man den persönlichen Bezug, nennt aber viele Gründe, warum kein Handeln möglich ist (»Die Weltwirtschaft kann leider ohne Sklaverei nicht funktionieren! Außerdem behandle ich meine Sklaven sehr gut, und ohne uns ginge es ihnen noch schlechter …«); mit steigendem Bewusstsein kommt es schließlich doch zu der tiefgreifenden Änderung; und am Ende versteht keiner mehr, warum man jemals so handeln konnte wie vor der Änderung. Was, wenn wir vor einer solchen moralischen Revolution stehen? Uwe Schneidewind sieht das Konzept der nachhaltigen Entwicklung auf einer ähnlichen Stufe wie die Abschaffung der Sklaverei, denn es hinterfragt massiv unser bisheriges Selbstverständnis. In dieser Perspektive ist z.B. Deutschland wie alle anderen Länder auch ein »Entwicklungsland«, das noch einen weiten Weg vor sich hat – anders als in sehr armen Ländern geht es bei uns um die Reduktion des Energie- und Ressourcenverbrauchs und gleichzeitig um die Erhöhung des sozialen Zusammenhalts, denn dieser ist in den letzten Jahren immer mehr am Bröckeln. Letztlich sitzen aber alle Länder im gleichen (globalen) Boot und keines ist bereits am Ziel angekommen. Liegt in dieser Sichtweise nicht eine große Chance?

Kleines Best-of der Transformationsbewegung

Besondere Bedeutung für die Transformation hat die Gemeinschaftsebene: Wo sich Menschen aufgrund von persönlichen Beziehungen zusammenschließen und gemeinsam handeln, können sie zu entscheidenden Akteurinnen und Akteuren des Wandels werden. Die »Transition-Town«-Bewegung zeigt etwa, dass bestehende Städte und Dörfer, die stark von Landflucht, Vereinsamung und Überalterung betroffen sind, durch das Einklinken in die Transformations-Bewegung aufleben und neu als Lebensorte attraktiv werden können. Durch eine Relokalisierung der Wirtschaft, ein vielfältiges kulturelles Leben, Nachbarschaftshilfe, städtische Gärten, Netze der Gemeinschaft und partizipative Mitgestaltung durch alle Bürgerinnen und Bürger werden die Grundlagen für Städte geschaffen, die ohne fossile Brennstoffe auskommen. Allein in Deutschland gibt es bereits über 100 Städte oder Kommunen, die Teil des Netzwerks sind (www.transition-initiativen.org).
So vieles passiert bereits, doch man bekommt es kaum mit! Darum haben die Soziologen Harald Welzer und Dana Giesecke 2010 die »FUTURZWEI. Stiftung Zukunftsfähigkeit« gegründet. Auf deren Internetseite (www.futurzwei.org) befinden sich zahlreiche »Geschichten des Gelingens« von Einzelnen, Gruppen, Unternehmen, Kommunen usw., die einen tiefgreifenden Wandel in Richtung einer lebbaren Zukunft

initiiert haben. Eine wunderbare Inspirationsquelle! Der Wandel ist längst im Gange, man muss nur hinschauen – und mitmachen! Kreative und experimentierfreudige Bürgerinnen und Bürger werden dabei zu »Zukunftskünstlern« (Schneidewind), die sich an der Entwicklung der Welt von morgen beteiligen. Es gibt nicht *eine* bestimmte Weise, wie der Wandel gestaltet wird, sondern einen bewusst pluralen Ansatz. Komplexe Wandlungsprozesse kann man in einem gewissen Rahmen gestalten, aber nie ganz steuern. Was würde sich ändern, wenn ich mich in meiner Rolle als Frisör, als Ingenieurin, als Familienvater, als Lehrerin usw. *auch* als (Zukunfts-)Künstlerin oder Künstler sehen würde? Welche Möglichkeiten für Kreativität und für Neues habe ich tatsächlich und was würde wohl passieren, wenn ich damit experimentieren würde? Zur Vertiefung empfehle ich Ihnen den Dokumentar-Film »Tomorrow« (2015), der zeigt, dass überall auf der Welt bereits ein hoffnungsvoller Wandel im Gange ist.

Fragen für Reflexion oder Austausch

- Kennen Sie konkrete Menschen, Bewegungen oder Initiativen in Ihrer Umgebung, die sich für einen Wandel der Gesellschaft einsetzen? Welche Vorstellungen von einer besseren Gesellschaft stecken Ihrer Meinung nach dahinter? Entsprechen sie den Kriterien der »ganzheitlichen Ökologie«?
- Spricht Sie das Bild der »Zukunftskünstlerin« an? Welche Rolle in der Zukunftskunst der Transformation würden Sie gerne einnehmen? Was wäre der nächste konkrete Schritt, um das zu verwirklichen?

Übung

– Nehmen Sie sich einen Moment Zeit für eine besondere Art von Fantasiereise: Wenn Sie die Gesellschaft, in der Sie leben, neu erfinden könnten, so dass sie Ihren Idealen entspricht, wie würde sie konkret aussehen? Was wäre Ihre Rolle in dieser Welt? Malen Sie sich das alles innerlich aus, live und in Farbe! Wagen Sie es, zu träumen, ohne gleich die Frage zu stellen, ob es realistisch ist, dort hinzugelangen. Wenn Sie möchten, halten Sie Ihre Vorstellung in einem Text oder auf andere Weise fest und kommen Sie mit anderen darüber ins Gespräch.

Spiritualität des Engagements

Seit einigen Jahren begleite ich vor allem junge Menschen, die sich für einen tiefgreifenden Wandel der Gesellschaft einsetzen. Auch selbst versuche ich, mich im Rahmen meiner Möglichkeiten zu engagieren. Immer wieder erlebe ich, dass das Wesentliche dabei die innere Haltung ist. Die Herausforderungen, vor denen wir stehen, sind so enorm, dass man entweder davor fliehen will oder in Gefahr ist, sich im Engagement unter dem Gefühl einer ungeheuren Dringlichkeit sehr schnell aufzureiben. Was kann helfen, eine gute Ausrichtung zu bewahren? Noch dazu angesichts der Tatsache, dass voraussichtlich immer mehr Krisen und Konflikte auf uns zukommen werden? Natürlich gibt es hierfür keine Rezepte. Dennoch möchte ich einige Gedanken aus der ignatianischen Tradition und darüber hinaus nennen, die erfahrungsgemäß weiterhelfen.

Kontemplation in Aktion: Eine Frage der Haltung

Ich habe es mehrmals selbst erlebt oder von anderen erzählt bekommen: Ich will in einer Gruppe oder Organisation etwas voranbringen, ich »drücke und schiebe«, aber es gibt viele Widerstände und nichts geht voran. Wenn ich dagegen innerlich den Wunsch nach einem bestimmten Ergebnis loslasse und den Leuten ihre Freiheit lasse, geht es häufig ein wenig später überraschend schnell voran, wenn auch vielleicht anders als ursprünglich geplant. Woran liegt das?

Menschen wollen als gleichberechtigte Partner ernstgenommen werden. Damit ist wahrscheinlich jeder und jede von uns sofort einverstanden. Dennoch können wir uns selbst dabei ertappen, insgeheim eine »Agenda durchbringen« oder andere von unserer Position überzeugen zu wollen. Dabei würden wir es selbst unerträglich finden, von anderen »missioniert« zu werden. Um aus dieser Falle herauszukommen, hilft es, selbst nicht aus dem Bedürfnis nach Bestätigung, sondern aus Dankbarkeit zu leben und von einer positiven Vision angezogen zu sein. Dann strahlt man positiv aus und wirkt einladend auf andere, ohne »schieben« zu müssen. Darum sind aus ignatianischer Sicht der geistliche Tagesrückblick und das Gebet so wichtig: Sich konkret beschenkt wissen und immer wieder von Jesus überrascht und inspiriert zu sein, das verändert mit der Zeit alles.

Auch in der Arbeit mit Gruppen ist es wichtig, Prozesse immer mit einem Moment der geteilten Dankbarkeit zu beginnen, bevor man die »großen Fragen« in Angriff nimmt. Man kann zum Beispiel fragen: Was habt ihr schon alles in die Tat umgesetzt, wo habt ihr bereits wichtige Schritte unternommen? Oder schlicht: Wofür seid ihr mit Blick auf diese Gruppe dankbar? Wenn man dem Danke-Sagen Raum gibt, eröffnen sich manchmal ganz neue Möglichkeiten. Zur Erinnerung: Der Mensch ist zum Danke-Sagen geschaffen (siehe »Prinzip und Fundament«)! Der zweite Schritt könnte sein, auf ganz offene Weise eine gemeinsame Zukunftsvision zu entwickeln, die die Werte der Gruppe und die Fähigkeiten der Einzelnen widerspiegelt, egal wie wenig radikal diese Vision zunächst aussehen mag. Alleine das gemeinsame Träumen bringt schon viel positive Energie in Bewegung.

Erst als Drittes kann man sich dann der Frage stellen, was die konkreten nächsten Schritte sein könnten, welche Hindernisse man sieht und wie man diese überwinden könnte.
Den anderen meine eigene Vision aufdrängen zu wollen ist eine Form von subtiler Gewalt. Gewaltfreiheit beginnt in uns selbst. Gelingt es mir, andere für ihre Widerstände und Anfragen nicht zu verurteilen, sondern die Tür stets offen zu lassen, so dass sie später jederzeit noch hinzustoßen können? Lasse ich meine eigene Zielvision immer wieder von anderen hinterfragen, entwickle ich sie weiter? Wenn andere das spüren, hat man schon fast gewonnen. Man kann sich ans gemeinsame Träumen und Handeln machen.
Noch einen Schritt weiter geht Jesus, wenn er dazu auffordert, selbst unsere Feinde zu lieben und für sie zu beten (vgl. Lk 6,27–28). Viele Bibelwissenschaftlerinnen halten diese Aufforderung für eine der am sichersten wirklich von Jesus stammenden Aussagen, weil sie derart radikal und beispiellos ist. Feindesliebe setzt voraus, dass ich zunächst anerkenne, einen Feind zu haben – und vielleicht sogar einen, der auf absehbare Zeit ein Feind bleiben wird. Kann ich selbst ihn als Person ernst nehmen, seine Würde anerkennen, ihm ehrbare Motive zugestehen, sogar für ihn und sein Wohl beten? Oder zumindest darum, ihn lieben zu lernen? Ich habe immer wieder Menschen gehört, die erzählen, dass dieser Punkt eine wesentliche Wende in ihrem Engagement war, die später viel Frucht gebracht hat. Denn hier wird deutlich, wie sehr Umkehr ein Prozess für alle beteiligten Personen ist, und dass ich meine Haltung nur nach und nach von Gott wandeln lassen kann.

Zur Frage der Haltungen gehört es meines Erachtens auch, innerlich mindestens zwischen zwei »Modi« des Daseins unterscheiden und umschalten zu können. Diese kann man vergleichen mit den Haltungen von Martha und Maria bei deren Begegnung mit Jesus (Lk 10,38–41). Wir sind es gewohnt, im Alltag möglichst effektiv zu funktionieren und Dinge abzuarbeiten. Das ist etwas sehr Praktisches und Sinnvolles. Wenn es aber darum geht, anderen zuzuhören, Gottesdienst zu feiern, ein Kunstwerk zu genießen, gemeinsam eine Zielvision zu entwickeln oder miteinander Karten zu spielen, ist dieser »Erledigen-Modus« oder »Martha-Modus« nicht mehr gefragt. Dann wollen wir zweckfrei und offen präsent sein, uns für die Wirklichkeit und für andere Menschen öffnen, wie sie sind, ohne etwas von ihnen zu wollen. Das nenne ich den »kontemplativen Modus« oder »Maria-Modus«. Wenn uns das Umschalten partout nicht mehr gelingt, wenn wir in solchen Situationen nur ungeduldig sind, dann ist das ein Zeichen, dass wir mindestens einen Fuß fest im technokratischen Paradigma verwurzelt haben. Mein Engagement für eine bessere Welt wird aber zunichtegemacht, wenn ich selbst kaum noch Freude an dieser Welt empfinden kann. Wenn man dagegen im Arbeiten immer wieder innehält, Rückschau hält und offen, urteilsfrei auf das schaut, was geschieht und was man tut, dann wird auch das Arbeiten mit der Zeit gewandelt und bekommt mehr Tiefe, ohne dabei die Effektivität zu verlieren. In der ignatianischen Tradition nennt man das »Kontemplation in der Aktion«, nach einer Formulierung von Hieronymus Nadal, einem Jesuiten der ersten Generation. Dieser sprach auch vom Ideal einer »vita activa superior«, einer Lebensweise mitten in der Welt, die wesentlich von der Liebe geleitet ist.

Der »Vorrang der Haltung« besagt, dass ich mehr durch meine Haltung und durch mein Präsent-Sein erreichen kann als durch mein Tun und Sprechen. Aus der Haltung entspringen das konkrete Verhalten und die Änderung von Verhältnissen (Willi Lambert).
Eine Verwurzelung (ein »Halt«) in Dankbarkeit, das Angezogensein von einer positiven Vision und ein Vorgehen, bei dem man der Kontemplation Raum lässt, können dabei helfen.

Orte und Beziehungen gestalten

Ein Bekannter, der selbst in einer Transition Town in England lebt und viel mit anderen aus der Bewegung zu tun hat, hat mir einmal gesagt: »Um eine gute Dynamik in deinem Dorf zu starten, musst du zuerst schöne Orte schaffen und die zwischenmenschlichen Beziehungen pflegen.« Das ist seiner Meinung nach das eigentliche Geheimnis der Transition Towns. Häufig fangen ein paar Kreative an, einen öffentlichen Platz, der vernachlässigt wurde, wieder herzurichten, oder einen sehr einladenden Garten anzulegen und dann zu offenen Abenden einzuladen, an denen gefeiert, getanzt und gelacht wird. Einen schön gestalteten Ort, an dem man Lust hat, Zeit zu verbringen, sucht man auch in Deutschland in manchen Ortschaften oder Stadtvierteln vergebens, und schon deshalb kennen sich die Nachbarinnen kaum gegenseitig. Gibt es einen Ort und eine Gelegenheit, zeigen die Menschen automatisch Interesse füreinander. Aus diesen Begegnungen heraus können Dynamiken entstehen, die das Stadtbild in wenigen Jahren komplett wandeln. Denn wenn Vertrauen gefasst ist, bekommt man Lust auf gemeinsame Projekte.

Eine weitere Erkenntnis ist, dass Gruppen immer mehr sind als die Summe ihrer Mitglieder. Vielleicht gibt es dort eine einzelne Person, die ein großes Talent hat, das aber bisher noch von keinem wahrgenommen wurde – sobald es die Gruppe sieht, können eine Begeisterung und ein Schwung entstehen, die man der Gesamtgruppe am Anfang gar nicht zugetraut hätte. Es geht deshalb immer darum, Prozesse zu initiieren, dann aber größtmögliche Freiheit zu lassen. So wird man immer wieder von dem überrascht werden, was am Ende dabei herauskommt!

Ein schönes Beispiel ist der Garten meiner ehemaligen Jesuitenkommunität. Während des ersten Corona-Lockdowns 2020 ist aus dem Projekt eines Mitbruders, einen Gemüsegarten anzulegen, ein Projekt der ganzen Kommunität geworden, d.h., alle etwa 50 Jesuiten haben sich damit identifiziert. Die Umstände haben plötzlich dazu geführt, dass wir viel Zeit und ein großes Bewegungsbedürfnis hatten. So haben wir angefangen, die brachliegende Erde zu säubern, umzugraben, einen Weg, Gemüsebeete und Kartoffelfelder anzulegen und Obstbäume zu pflanzen. Danach gab es Unkraut zu jäten und die Früchte zu ernten. Viele haben regelmäßig im Garten mitgeholfen, andere punktuell und noch andere haben das Projekt mitgetragen, indem sie an heißen Tagen frische Getränke vorbeibrachten, leckere Mahlzeiten aus dem geernteten Gemüse zubereiteten oder sich einfach an der Schönheit des Gartens erfreuten. Alles, was dort angebaut wird, ist komplett Bio, es wird keinerlei Chemie verwendet. Natürlich haben wir auch viele Blumen gepflanzt, etwa Hyazinthen und mehrere Rosenbögen. Selbst habe ich die Freude entdeckt, Gemüse zu säen, dann zu ernten und schließlich zu essen. Mein

Favorit: die »gelbe Minibirne«, das ist eine sehr kleine Tomatenart, überraschend süß und saftig, perfekt als Snack an heißen Sommertagen! Einige der älteren Mitbrüder gehen täglich im Garten spazieren und haben im Vergleich zu vorher viel mehr zu staunen und finden bei ihrem Spaziergang schnell ein Gesprächsthema, denn ständig verändert sich etwas. Der nächste Schritt wird darin bestehen, den Garten für die Begegnung mit Menschen von außen herzurichten: Trockentoiletten, mehr Sitzgelegenheiten, Schaffen schattiger Orte. Es wäre unmöglich gewesen, dieses Gartenprojekt im Voraus zu planen. Die Idee wäre auch nicht mehrheitsfähig gewesen. Es hat einen Mitbruder gebraucht, der einfach anfängt, und den richtigen Moment, so dass plötzlich ein Kommunitätsprojekt daraus wurde. Nach nur wenigen Monaten hat der Ort die mitbrüderlichen Beziehungen spürbar vertieft und eine neue Öffnung nach außen ermöglicht.

Drei Bereiche des Engagements

Wo kann man sich konkret einbringen? Ich finde hierzu die drei Säulen des Engagements hilfreich, die das »Global Catholic Climate Movement« (weltweite katholische Klimabewegung) vorschlägt: Spiritualität, Lebensstil und politische Aktivität.

Christinnen und Christen sind zunächst eingeladen, ihre Spiritualität zu vertiefen. Das schließt ein, mit und für die Schöpfung zu beten. Das ist ihr unterscheidendes Merkmal. Ich kann mir beispielsweise täglich mindestens ein paar Minuten nehmen, um bewusst mit der Schöpfung in Kontakt zu sein – etwa bei einem Spaziergang oder bei etwas Gartenarbeit. In regelmäßigen Abständen kann ich längere Zeiten einplanen, die ich alleine oder mit anderen in der Natur verbringe. Dort kann ich auch bewusst Gott für die Schönheit der Schöpfung danken. Wenn ich darüber hinaus eine Gebetspraxis habe, kann ich auch für bestimmte Menschen beten, die sich für eine lebbare Zukunft einsetzen, und für die Schöpfung selbst, für einen Baum, der mir zum Freund geworden ist, für mein Lieblingswaldstück, für die Amseln, die meinen Garten besuchen; und für den Amazonas, der weit weg ist, aber von dem auch mein Leben abhängt. In christlichen Gruppen oder in der Gemeinde kann ich mich dafür einsetzen, dass die Themen der Schöpfung und des Engagements für die Zukunft aufgegriffen und spirituell vertieft werden. Das vorliegende Buch verstehe ich als einen Beitrag zu einem solchen Verständnis von Spiritualität.

Was den Lebensstil angeht, kann ich versuchen, selbst möglichst »zukunftsfähig« und einfach zu leben, aber auch Einfluss auf die Gruppen auszuüben, in die ich eingebunden bin. Im Kern geht es darum, nach einer größeren Kohärenz zu suchen zwischen dem, was ich richtig finde, und dem, wie ich tatsächlich lebe. Selbst wenn ich selbst, meine Familie, mein Unternehmen, meine Kirchengemeinde etc. aus eigener Kraft keinen »One World Lifestyle« hinkriegen, so können wir doch Schritte in diese Richtung gehen. Eine nachhaltigere Ernährung, die Wärmedämmung von Gebäuden, die Gewöhnung an ein reduziertes Heizen (z.B. auf nicht mehr als 19 Grad), ein verändertes Reise- und Mobilitätsverhalten, weniger Online-Bestellungen und Video-Streaming, dafür mehr Radfahren zum Bioladen und Ratschen mit dem »echten Menschen« an der Kasse … Es gibt unendlich viele Möglichkeiten, und sie werden umso größer und machen umso mehr Spaß, je mehr ich mich mit anderen zusammenschließe, in Lebensmittelkooperativen, Transition-Initiativen oder Zeitbörsen für ehrenamtliches Engagement in meiner Stadt. Auf dieser Ebene sind Christinnen und Christen verbunden mit allen Menschen, die sich für ein anderes Morgen einsetzen. Ihr spezifischer Beitrag kann vielleicht in einer positiven und hoffnungsvollen Haltung liegen.

Die Idee ist nicht eine Konsumrevolution, sondern eher, dass Menschen individuell und kollektiv ihre Experimentierfreude entdecken und Alternativen, die noch nicht mehrheitsfähig sind, probeweise vorausleben. Das ist zum einen eine wichtige Vorbereitung auf eine Zukunft, die zwangsläufig genügsamer aussehen wird, und zum anderen kann dieses Experimentieren selbst schon eine befreiende Erfahrung sein und ungeahnte Energien freisetzen. Harald Welzer spricht von »moralischen Streckübungen«. Man kann auch ans Fasten denken: Wer einmal gefastet hat, weiß, dass ein Verzicht in einem Bereich überraschend große Klarheit und Ausrichtung in anderen Bereichen hervorrufen kann. Eine Änderung des Lebensstils sollte Spaß machen und auf strukturelle Änderungen abzielen. Wichtiger als individuell Vegetarier zu sein ist es, den Fleischkonsum zu verringern und die lokale ökologische Produktion zu unterstützen. Dann dient der Lebensstilwandel der Stärkung der Bioregion und dem strukturellen Wandel hin zu einer resilienten und langfristig nachhaltigen Lebensmittelversorgung.

Was ein politisches Engagement angeht, gibt es ebenfalls sehr viele Möglichkeiten. Das Erste ist sicher, sich über das aktuelle Geschehen im Bereich Ökologie und Transformation auf dem Laufenden zu halten. Man kann Abgeordneten Briefe schreiben, an Petitionen teilnehmen, sich parteipolitisch engagieren, bei Kommunalwahlen kandidieren oder mithelfen, lokale oder globale politische Bewegungen unterstützen oder an Demos teilnehmen. Zunehmende Bedeutung gewinnen auch Aktionen des zivilen Ungehorsams und des gewaltfreien Widerstands im Gefolge von Mahatma Gandhi, Martin Luther King oder der historischen Montagsdemos in Leipzig. Ziel ist dabei, die versteckte Gewalt hinter der vermeintlich friedlichen Fassade unserer Lebensweise sichtbar zu machen und politische Maßnahmen einzufordern. Auch diejenigen Akteurinnen, die sich aufgrund eigener ökonomischer Vorteile aktiv für den Erhalt der problematischen Strukturen einsetzen, müssen angeprangert werden – etwa die Kohlelobby, die immer wieder effektiv eine Senkung der Ambitionen beim Kohleausstieg bewirkt. Gewaltfreiheit und Mut zum klug gewählten politischen Konflikt sind beides Tugenden der Jesus-Nachfolge.

Inhaltliche Forderungen müssen ausreichend radikal sein. Ein Beispiel sind die wissenschaftlich gut abgesicherten Ziele der *Fridays for Future*-Bewegung, die sich auf die Bekämpfung des Klimawandels spezialisiert hat (Stand 2025): CO_2-Neutralität Deutschlands bis 2035; Kohleausstieg bis 2030; 100 % erneuerbare Energien bis 2035. Die zentralen politischen Forderungen sind dementsprechend: das Ende der Subventionen für fossile Energieträger; ein Viertel der Kohlekraft abschalten; eine CO_2-Steuer auf alle Treibhausgasemissionen, wobei der Preis bei mindestens 180 € pro Tonne CO_2 liegen muss. Dabei dürfen solche Kernforderungen weder die anderen Bereiche der Krise (Biodiversität, globale Ungerechtigkeit etc.) noch die Tatsache verdecken, dass es um komplexe

politische und gesellschaftliche Prozesse geht. Diese Radikalität zu wagen und als Teil einer umfassenden Transformation umzusetzen, die etwa auch eine drastische Reduktion unseres Energiebedarfs einschließt, ist die Aufgabe einer politischen Zukunftskunst. Alle Akteurinnen und Akteure wie Unternehmen, Investorinnen, Stadtverwaltungen oder Kirchen können nach ihrer je eigenen Rolle in der Transformation suchen. Man muss sich bewusst sein: In der gegenwärtigen Lage ist auch der Verzicht auf eine solche Beteiligung eine folgenreiche politische Entscheidung.
Wenn Sie den politischen Aspekt weiter vertiefen wollen: In Jörg Alts Buch *Einfach anfangen! Bausteine für eine gerechtere und nachhaltigere Welt* (2021) finden Sie zahlreiche konkrete Vorschläge für einen wünschenswerten Wandel, ausgehend von der katholischen Soziallehre.

Auf der Suche nach dem »Mehr«

Die Gesellschaft ist weiterhin insgesamt auf einem Pfad, der hochproblematisch und in strukturelle Sünde verstrickt ist. Gleichzeitig gibt es bereits eine unüberschaubare Vielzahl von Initiativen und Lösungen, die ein Stück weit bereits heute die Welt von morgen vorwegnehmen, die aber noch auf ihren Durchbruch warten. Die wesentliche Unterscheidungsfrage für Einzelne lautet daher meines Erachtens: *Welchen Beitrag kann ich persönlich zu einem wünschenswerten Wandel der Gesellschaft leisten?* Die Antwort darauf wird dabei von Person zu Person sehr unterschiedlich sein!
Für gläubige Menschen können sich die objektiven Kriterien der Unterscheidung an der ganzheitlichen Ökologie und an der katholischen Soziallehre orien-

tieren. Die Einzelnen haben aber unterschiedliche Talente und Fähigkeiten, eine unterschiedlich große Verantwortung und nicht dieselben Möglichkeiten. Welche subjektiven Kriterien kann man für eine solche Unterscheidung aus der ignatianischen Tradition heraus geben?

Ich denke, Ignatius würde dazu einladen, im Alltag nach den Trosterfahrungen zu suchen und diese ins Gebet zu nehmen. Trost ist für ihn »jeder Zuwachs an Hoffnung, Glaube und Liebe und jede innere Freude, die den Menschen zu den himmlischen Dingen und zum Wirken an seinem eigenen Seelenheil hinruft und hinzieht, indem sie der Seele Ruhe und Friede in ihrem Schöpfer und Herrn spendet« (EB 316). Die Sprache ist etwas altertümlich, aber was beschrieben wird, werden sicher viele nachvollziehen können. Gibt es in Ihrem Alltag nicht Momente, Begegnungen, Gedanken, Initiativen, Texte, Erfahrungen, die einen solchen Trost in Ihnen auslösen? Dieser ist nicht immer sofort spürbar und kann auch zunächst mit inneren Widerständen oder Verwirrung überdeckt sein – es gilt, hinzuschauen! Auch die Emmausjünger wurden sich ihres »Herzensbrennens« noch nicht bei der Begegnung mit dem Auferstandenen bewusst, sondern erst im Nachhinein (Lk 24,13–35).

Sozialökologische Umkehr nimmt dann Gestalt an, wenn sie zu einer individuellen, unverwechselbaren Antwort auf den Ruf Gottes wird. Es kann nicht darum gehen, überall mitzuhelfen und alles auf einmal zu wollen, sondern darum, wach zu sein und zu erspüren, in welche Richtung Gott einen als Nächstes ziehen will. Auf Ignatianisch nennt man diese Dynamik die Suche nach dem »Magis«, dem »Mehr«. Heute könnte man sagen: nach dem, was meinem Leben und dem Leben insgesamt je mehr dient. Der Tagesrückblick, das Führen eines Tagebuches und eine regelmäßige geistliche Begleitung können helfen, die Spur dieses Rufs im eigenen Alltag zu entdecken. Häufig besteht dieses »Mehr« zunächst aus einer Sehnsucht nach einem »Weniger«, d.h. aus einer Notwendigkeit, den Alltag zu entrümpeln und freie Zeiträume zu schaffen, um etwas Neues in Ruhe und innerer Freiheit angehen zu können. Immer wieder wird es auch ein »Aus-sich-selbst-Herausgehen« sein, von dem Papst Franziskus sehr häufig spricht – ein Überwinden der eigenen Bequemlichkeit und Trägheit, ein Zugehen auf Gott und auf Andere. Ignatius sieht in einer solchen Dynamik einen wesentlichen Pfad zum Glücklichsein. Wer so lebt, findet mehr und mehr den eigenen Platz in der Welt – und dieser kann sich auch immer wieder weiterentwickeln.

Ein Bericht

Ich möchte abschließend Sebastian das Wort überlassen, der von seinem Engagement im Klimacamp erzählt:

»Das Klimacamp Nürnberg war eine ehrenamtlich getragene Mahnwache für den Klimaschutz. Es sollte in der Bevölkerung Bewusstsein und Betroffenheit schaffen und Druck zur Veränderung auf die politischen Entscheider ausüben, damit Nürnberg seinen ihm möglichen Beitrag zur Einhaltung des 1,5-Grad-Ziels des Pariser Klimaabkommens leistet. Ich unterstützte die Aktivisten bei Bedarf mit Lebensmitteln, nahm an Aktionen teil, übernahm Standdienst zur Information von Interessierten und im Notfall die Nachtwache im Camp.

Eine Frage, die mich immer wieder beschäftigt, ist: Warum schwenkte die Menschheit auf diesen fossilen Lebensstil ein? Warum haben wir Luft- und Wasserverschmutzung, Artensterben oder Naturkatastrophen durch Erderwärmung, die das Überleben der Menschheit in Frage stellen, so lange zugelassen?
Aus meiner Sicht wirkt Gott, indem er Menschen zusammenbringt und Beziehung schafft. Ich bin überzeugt, dass Gott uns durch diese globalen Herausforderungen auffordert, mit Fremden zusammenzuarbeiten und mit Leidenden solidarisch zusammenzurücken. Diese hehren Ziele im Großen fanden im Klimacamp bereits im Kleinen statt. Dort hat sich im Laufe der Zeit eine einzigartige Community entwickelt, die Menschen verschiedenster Hintergründe zusammenbringt. Schüler und Rentner, Arbeitssuchende und Geschäftsleute, Auszubildende und Professoren, Künstler und Wissenschaftler, Gläubige und Atheisten. Jeder durfte selbstbestimmt seinen Beitrag leisten, eigene Ideen verwirklichen oder einfach mit Gleichgesinnten in den Gedankenaustausch gehen. Dadurch entstand nicht nur eine Identifikation mit dem Camp und dem Thema, sondern Gemeinschaft.
Für mich persönlich hat das Klimacamp nicht nur mein Bewusstsein für Ernährung, Mobilität und Konsum verändert. Vor allem hat mir Gott gezeigt, wie Menschen sich füreinander einsetzen, widrigste Umstände in Kauf nehmen und in Krisen zusammenhalten, Freundschaften entstehen, Offenheit für andere praktiziert werden kann, Kooperation mit Behörden und Unternehmen fruchtbar wird und sich – anfangs – Fremde gemeinschaftlich für etwas Größeres einsetzen.«

Fragen für Reflexion oder Austausch

- Kennen Sie im Alltag den »kontemplativen Modus«? Haben Sie schon einmal erlebt, dass Ihre Aktivität oder Arbeit durch Momente des »qualitativen Nichtstuns« an Tiefe gewonnen hat?
- Was sind die primären Orte, an denen Sie sich gerne aufhalten und anderen begegnen? Welche Geschichte haben Sie mit diesem Ort?
- Mit welchem der drei Bereiche des Engagements (Spiritualität, Lebensstil und politische Aktivität) sind Sie am vertrautesten, welcher fordert Sie am meisten heraus?
- Im Rückblick auf Ihr bisheriges Engagement und auf das, was Sie kennen und erlebt haben – wo haben Sie den größten Trost gespürt? Gibt Ihnen das einen Hinweis auf einen nächsten möglichen Schritt auf der Suche nach dem eigenen Beitrag zu einem positiven Wandel der Gesellschaft?

Übung

- Wenn Sie möchten, notieren Sie in Ihrem Tagebuch täglich einen kurzen Absatz über Ihre Trosterfahrungen und den Ruf des »Magis«, den Sie verspüren. Achtung, dieser kann durchaus auch in zunächst schwierigen Erfahrungen verborgen liegen! Einmal pro Woche können Sie ggf. die Einträge der vergangenen Tage nochmals durchlesen und sich fragen, ob Sie darin einen roten Faden erkennen.

Spiritualität der Hingabe

Die »dritte Phase« der Exerzitien lädt dazu ein, das Geheimnis des Kreuzes zu betrachten. Das war schon immer und wird auch immer eine große Herausforderung für alle sein, die Jesus nachfolgen. Man hätte so gerne, dass Jesus das Kreuz erspart geblieben wäre. Und dass es denen, die ihm nachfolgen, erspart bleibt. Doch die Evangelien sind an dieser Stelle ganz klar: Wer liebt, wird leiden. Das Kreuz ist eine Folge von Jesu Liebe und Hingabe an uns Menschen und an die Schöpfung, er hat es sich nicht ausgesucht, aber er hat es frei angenommen. Das trifft uns auch heute wie ein Pfeil. Jedes Jahr in der Karwoche wird daran erinnert, es wird sogar »gefeiert«, dass Jesus seinen Leidensweg bis zur letzten Konsequenz angenommen hat, und zwar eben aus Liebe. »Es gibt keine größere Liebe, als wenn einer sein Leben für seine Freunde hingibt« (Joh 15,13).

Jeder Mensch hat seine eigene Geschichte mit dem Leiden. Den meisten von uns fällt es sehr schwer, Leiden auszuhalten, nicht davor wegzulaufen. Das betrifft sowohl das eigene Leiden als auch das der anderen. Es bringt auf der anderen Seite nichts, jemandem moralische Vorwürfe zu machen, weil er davor weglaufen will. Moralische Vorwürfe bringen im Allgemeinen recht wenig. Was helfen kann, ist selbst immer wieder die »dunkle« Seite im Leben anzuerkennen. Das ist nie ein für alle Mal erledigt.

»Ich bin der Weg und die Wahrheit und das Leben; niemand kommt zum Vater außer durch mich«, sagt Jesus Christus (Joh 14,6). Sein Weg ist der Weg des Gottvertrauens, der freilassenden Liebe, des Dienstes für andere; seine Wahrheit ist die tiefe Erkenntnis, die nur die Liebe möglich macht; sein Leben und seine Lebendigkeit sind die Folge seiner Liebe. Wer so liebt, wird auf sehr tiefe Weise Mensch sein – aber er oder sie wird auch leiden müssen. Ein offenes Herz kann empfangen, ist aber auch verletzlicher als ein Herz aus Stein.

Dabei leiden wir in unserem Leib auch in Solidarität mit der ganzen Schöpfung, die auf ihre Erlösung wartet:

»Denn wir wissen, dass die gesamte Schöpfung bis zum heutigen Tag seufzt und in Geburtswehen liegt. Aber nicht nur das, sondern auch wir, obwohl wir als Erstlingsgabe den Geist haben, auch wir seufzen in unserem Herzen und warten darauf, dass wir mit der Erlösung unseres Leibes als Söhne und Töchter offenbar werden. Denn auf Hoffnung hin sind wir gerettet« (Röm 8,22–24a).

Während der Großteil der westlichen Welt noch dabei ist zu realisieren, dass es überhaupt ein Problem mit unserer Zivilisation gibt (»erste Phase«), sind die meisten Aktivistinnen seit Jahren oder Jahrzehnten in einer ausgedehnten »dritten Phase« ihrer Christusnachfolge. Ich denke, dass das auch für diejenigen gilt, die nicht explizit gläubig sind.

Christus in der leidenden Schöpfung

Tagtäglich wird Christus gekreuzigt: überall dort, wo die aufrichtige Liebe von Menschen zur Schöpfung und zu den Mitmenschen mit Füßen getreten wird. Zunächst auf meinem eigenen Weg der Nachfolge; in meinen Misserfolgen und den zahlreichen Widerständen, mit denen ich und der Kreis der Engagierten, dem ich angehöre, konfrontiert sind: Die anderen interessieren sich nicht für die ökologische Krise, für die Dringlichkeit eines Wandels, für diese oder jene Initiative, die mich selbst so sehr begeistert. Gefühle tiefer Einsamkeit sind nicht selten. Bestimmte Menschen mit deutlichen Machtinteressen bestimmen politische Entscheidungen, das himmelschreiende Unrecht wird ignoriert. Geld regiert die Welt, »alternative« Fakten werden gehört und geglaubt, man selbst als Ideologe oder idealistische Träumerin abgetan.

Tagtäglich wird Christus gekreuzigt. In so vielen Aktivisten, die sich aus Liebe für Gerechtigkeit, Frieden oder Harmonie mit der Schöpfung einsetzen oder eingesetzt haben. Martin Luther King predigte in einem Amerika der Rassentrennung die Gleichheit aller Menschen und blieb dabei radikal gewaltfrei. Er erhielt jahrelang unzählige Morddrohungen. Als er im Alter von 39 Jahren ermordet wurde, hatte sein Körper die Merkmale eines gealterten Mannes: Der jahrelange psychische Stress hatte seine Spuren hinterlassen. Und gleichzeitig haben sein Zeugnis und sein Einsatz eine große Frucht entfaltet. »Wenn das Weizenkorn nicht in die Erde fällt und stirbt, bleibt es allein; wenn es aber stirbt, bringt es reiche Frucht« (Joh 12,24). Das ist ein Geheimnis und für uns Menschen schwer zu verstehen. Meine persönlichen Erfahrungen von »Verfolgungen« oder Widerständen sind sehr klein im Verhältnis zu solchen großen Figuren wie Martin Luther King. Dennoch hilft mir ihr Zeugnis, mir bewusst zu machen, dass Schwierigkeiten zur Jesusnachfolge dazugehören und dass sie kein Zeichen dafür sind, dass ich etwas falsch mache.

Tagtäglich wird Christus gekreuzigt. Nicht nur in Christinnen und Christen, sondern auch in Menschen wie Berta Cáceres, einer Aktivistin aus Honduras, die sich für die Rechte indigener Völker in ihrem Land und für den Erhalt der Umwelt und der atemberaubenden Biodiversität dieses zentralamerikanischen Landes einsetzte. Sie gründete die COPINH, eine Nichtregierungsorganisation, die sich diesen Zielen verschrieb. Ein jahrelanger sozialer Kampf gegen illegale, aber von der Regierung geduldete Bauprojekte, gegen Machenschaften von Plantagenbesitzern, die die indigenen Arbeiterinnen und Arbeiter ausbeuten, sowie ihr Einsatz gegen den illegalen Bau eines Staudamms am Río Gualcarque haben ihr Morddrohungen, sexuelle Aggressionen und am Ende den Tod eingebracht. Heute wird ihr Kampf von ihren Töchtern und Nachfolgern weitergeführt.

Hingabe und Hoffnung

Es stimmt, dass Gott uns einen »neuen Himmel« und eine »neue Erde« verheißen hat und dass wir dazu aufgerufen sind, uns am Prozess der Transformation der Erde zu dieser neuen Schöpfung zu beteiligen. Gleichzeitig hat Gott nirgendwo versprochen, dass unsere Bemühungen erfolgreich sein werden, dass wir selbst deren Früchte noch sehen werden oder dass die Menschheit als Ganzes aus eigener Kraft »die Kurve kriegt«. Seit der frühen Kirche gibt es die Irrlehre des »Pelagianismus«, der zufolge sich die Menschen aufgrund eigener Bemühung aus der Sünde befreien und erlösen können. Häufig steckt hinter vielen Enttäuschungen und Krisen des Engagements ein Hauch dieses Pelagianismus. Sie können dann eine Gelegenheit sein, sich das Wesentliche in Erinnerung zu rufen: Gott will das Heil der Schöpfung und zu jedem Zeitpunkt unseres Lebens können wir uns für die Liebe entscheiden – aber wir haben nie die Garantie dafür, dass unsere Entscheidungen Früchte tragen. Die Liebe zu leben ist in sich selbst Ziel und Weg der Christusnachfolge, unabhängig von ihrem »Erfolg«. Das ist die tiefe Botschaft des Kreuzes, die wir nie ganz und gar ausloten können.

Tagtäglich wird Christus gekreuzigt. Das können wir nicht ändern, auch wenn wir am liebsten schreiend weglaufen würden. Im Moment der Kreuzigung Jesu kann man lediglich »trotzdem bleiben«, ohne alles zu verstehen und ohne moralische Forderung, einfach aus Treue und Freundschaft. Manchmal wird man es schaffen, andere Male nicht. Wenn man es tut, bleibt nur die »nackte« Hoffnung zurück, die sich nicht mehr an großen Ideen oder Ideologien festhalten kann, vielleicht nicht mal mehr an der Idee der »Großen Transformation«.

Sozialökologische Umkehr schließt ein, das Leiden Christi aus Liebe als Dimension des Glaubens anzunehmen.

Ein Bericht

Nicht immer ist es einfach, ein Engagement durchzutragen. Claudia beschreibt die Schwierigkeiten und ihre Weise, damit umzugehen, folgendermaßen:

»Mein Engagement in der *Fridays For Future*-Bewegung macht mir sehr viel Spaß. Vor allem den Kontakt mit Gleichgesinnten erlebe ich als sehr positiv. Es gibt jedoch auch Momente, wo die Sorge um die Zukunft sehr groß ist und wo ich deprimiert, frustriert und wütend bin.

In solchen Momenten ist Selbstfürsorge für mich wichtig. Das bedeutet für mich einerseits ganz einfache Dinge wie der Besuch meiner vierjährigen Nachbarin, die mir sehr viel Freude macht, eine Umarmung von meinem Mann oder auch ein Fernsehabend mit meiner Familie. Selbstfürsorge bedeutet aber auch tägliche Meditation, gesundes Essen, ausreichend Schlaf und Bewegung.
Spiritualität ist mir wichtig und meine spirituelle Suche spielt auch für mein ökologisches Engagement eine Rolle. Einerseits ist meine christliche Sozialisierung ein treibender Faktor bei meinem Engagement – die sozialethische Verpflichtung, mich zu engagieren. Andererseits zeigt sich diese sehr stark als ein nagender ›Ich muss-Impuls‹. Wenn ich das merke, hilft es mir, meine Gefühle und Gedanken nicht so wichtig zu nehmen. Ich kann sie einfach interessiert dabei beobachten, wie sie kommen und gehen. Das gilt sogar für meine Ökodepression. Die Überzeugung, dass wir alle miteinander verbunden sind – selbst die Menschen, die Kohlekraftwerke länger laufen lassen wollen –, hilft mir, wenn ich sehr gefrustet bin. Mein ökologisches Engagement ist außerdem sehr stark getrieben von einem ›Ich will‹. Meine spirituelle Praxis bringt mich immer wieder dazu, das ›Ich will‹ loszulassen und zu einem ›Es ist, wie es ist‹ und ›Ich kann der Welt meinen Willen nicht aufzwingen‹ zu finden«.

Für Reflexion oder Austausch

- Wie erlebe ich Misserfolge, Konflikte und Widerstände in meinem Engagement? Was hilft mir, damit umzugehen?

- Welchen Platz in meinem Herzen haben Vorbilder, die ein Engagement durchtragen, auch wenn sie dabei mit vielen Schwierigkeiten kämpfen müssen? Welche Persönlichkeiten sprechen mich konkret an?
- Welche Rolle spielt der gekreuzigte Christus in meinem Gebet?

Übung

- Wenn Sie möchten, gehen Sie in eine Kirche und beten Sie für einen konkreten Menschen, der sich einsetzt und Verfolgungen oder Widerständen ausgesetzt ist. Etwa vor einem Kruzifix. Zünden Sie eine Kerze für die Person an.

Spiritualität der Hoffnung

Unter der Asche verbrannter Hoffnungen liegt manchmal noch ein Rest von Glut. Unmerklich und still bleibt sie da und wartet. Und plötzlich, mit einem unerwarteten Windstoß, entsteht ein neues Feuer. Es wird klein anfangen, keine großen Ideen auslösen, aber doch dem Leben wieder etwas Licht und Wärme geben.

Auch wenn der Gang der Welt insgesamt kaum Anlass für überschwängliche Fantasien einer besseren Zukunft bietet, auch wenn alle Schritte, die wir gehen, unendlich klein und scheinbar nutzlos wirken: Gott schenkt uns auch kleine Zeichen, auf die sich neue Hoffnung stützen kann. Eine »große« Hoffnung, die sich nicht an Ideen festhält, sondern an Gott selbst; die aber gleichzeitig die Augen offenhält und Gottes Wirken in der Welt sehen und darüber staunen kann! Mit dieser Dynamik sind wir in der »vierten Phase« der Exerzitien angelangt, die der Betrachtung der Auferstehung Jesu gewidmet ist.

Von der Auferstehung Jesu selbst haben wir keine Berichte. Was wir haben, sind Erzählungen über Menschen, die dem Auferstandenen begegnet sind. Seit zweitausend Jahren wurde dieses Gerücht weitergegeben und ist auch bei uns angekommen. Unzählige Menschen erleben auf geheimnisvolle Weise in ihrem eigenen Leben Auferstehung: Neues Leben erwacht, neue Hoffnung bricht unerwartet auf, völlig neue Perspektiven ergeben sich.

Auferstehung kann man nicht beweisen, man kann nur davon erzählen. Gleichzeitig gilt, was Paulus geschrieben hat: »Ist aber Christus nicht auferweckt worden, dann ist unsere Verkündigung leer, leer auch euer Glaube« (1 Kor 15,14). Ja, es gilt: Wer liebt, wird leiden. Aber das ist nicht alles, denn es stimmt ebenfalls: Das letzte Wort hat nicht der Tod, sondern das Leben. Wenn Christus auferstanden ist, werden auch wir auferstehen. Wenn Christus der Erstgeborene der neuen Schöpfung ist, wird auch der Rest der Schöpfung in Gott neu geboren werden. Wenn die Wunden des Auferstandenen in seinem neuen Leib verklärt wurden, besteht auch eine unerhörte Hoffnung für die verwundete Welt, in der wir leben. All das bleibt eine geradezu unglaubliche Botschaft. Gott gibt uns keine Garantie und nimmt uns den Glauben nicht ab. Er lässt uns mit der schlichten Einladung zurück: Und wenn es wahr wäre, wie würdest du dann leben?

Übung: Der »grüne« Gott

Wenn es einen »Öko« gibt, dann ist es Gott! Ignatius lädt in der abschließenden »Betrachtung zur Erlangung von Liebe« dazu ein, das Wirken Gottes im eigenen Leben und in der Schöpfung zu betrachten und darüber zu staunen. Mit dem Staunen beginnen die Exerzitien, und mit dem Staunen schließen sie ab. Inspiriert vom Exerzitienbuch, lade ich Sie nun auf eine Entdeckungsreise ein.

Erinnern Sie sich an einen magischen Ort in Ihrer Kindheit oder in Ihrer Geschichte, einen Kraftort, an den Sie sich gerne zurückgezogen haben? Versetzen Sie sich innerlich an diesen Ort zurück. Wenn Ihnen keiner einfällt, wählen Sie einfach einen Ort, an dem Sie sich wohl fühlen. Was sehen Sie? Was hören Sie? Was spüren Sie? Machen Sie sich bewusst, dass Gott diesen Ort geschaffen hat, ihn am Leben erhält, damit unter anderem Sie sich dort aufhalten können. Die Materie, aus der er besteht, stammt von Gott. Die Luft, die Sie dort atmen, ist das Produkt eines Jahrmillionen andauernden Zusammenspiels zwischen den wärmenden Sonnenstrahlen, den Absonderungen der Gesteinsschichten der Erde und der Photosynthese der Abermilliarden von Pflanzen, die die Erde bevölkern. Die Sonne, die Erdkruste und die Pflanzen stammen von Gott und werden von ihm am Leben erhalten, sind von ihm innerlich durchdrungen. Denken Sie auch an all die Tiere, die diesen Ort vor Ihnen, mit Ihnen oder nach Ihnen besucht haben, an all die Insekten, Vögel oder sonstigen Tiere. Machen Sie sich bewusst, wie die Tiere diesen Ort erlebt haben, wie er sich für sie wohl anfühlt, wenn sie ihn mit ihren Pfötchen, Flügeln und Riechorganen streifen. In ihrem Fühlen und Wahrnehmen ist Gott, er ist in ihrem Instinkt und in all ihren Suchbewegungen! Stellen Sie sich dann vor, welche anderen Menschen mit diesem Ort in Verbindung stehen. Hat ihn jemand entworfen, gebaut, entdeckt, gestaltet, fotografiert, darüber geschrieben, anderen begeistert davon erzählt? In all diesen gedanklichen Vorgängen ist Gott selbst gegenwärtig. Er gibt den Menschen Verstehen, Tiefe, Klarheit, die Fähigkeit zum Danken und Loben.

Und schließlich werden Sie sich bewusst, dass Gott auch in Ihnen wohnt, Ihnen Dasein, Wachstum, Fühlen und Denken schenkt! Sie könnten auch nicht existieren, doch Gott hat Sie bis heute durchs Leben geführt, durch gute und schlechte Zeiten. Rufen Sie sich in Erinnerung, wie es war, ganz klein zu sein, groß sein zu wollen, dann mit der Zeit zu wachsen, dazuzulernen, immer mehr von der Welt zu entdecken und mehr Verantwortung zu übernehmen. Erinnern Sie sich an besonders positiv erlebte Sinneserfahrungen Ihrer Kindheit? Was berühren oder riechen Sie gerne, was könnten Sie stundenlang selbstvergessen anschauen? Schließlich denken Sie auch an das Geschenk Ihrer Vernunft, mit deren Hilfe Sie Sprache verstehen und verwenden können und so auch diese Zeilen lesen können. Welche Begegnungen und Gespräche haben Sie geprägt? Worüber sprechen, singen, denken Sie gerne nach? In all diesen Vorgängen in Ihnen ist Gott selbst gegenwärtig, denn er war so verrückt, aus Ihnen einen Tempel des Heiligen Geistes zu machen. Sie sind durchweht von seinem Geist.

»Besinnen Sie sich auf sich selbst«, wie Ignatius sagt. Wofür wollen Sie danken, wonach sehnen Sie sich? Vielleicht ist es immer wieder die Tugend der Hoffnung, einer engagierten Hoffnung, die Lust hat, sich großzügig zu verschenken. Oder vielleicht andere Tugenden wie Gerechtigkeit, Güte, Vertrauen, Liebe. Es genügt, darum zu bitten und offen für Gottes Wirken zu sein, den Rest erledigt Er!

Der »grüne« Gott wohnt und arbeitet in der Schöpfung, um mich, uns und die Schöpfung ans Ziel zu führen.

Einige Zeugnisse

Ich habe mehrere Freundinnen und Freunde gefragt, was ihnen in ihrem Engagement für eine lebbare Zukunft konkret Hoffnung gibt. Mit diesen Zeugnissen möchte ich das Buch abschließen. Sozialökologische Umkehr ist dann ein wesentliches Stück vorangekommen, wenn ein vertieftes Leben aus neuer Hoffnung begonnen hat. Das wünsche ich auch Ihnen.

»Als Familie bauen wir möglichst viel Obst und Gemüse selbst an. Wenn sich die ersten Blättchen einer neuen Pflanze zeigen, ist das für mich ein Auferstehungsmoment: Da ist tatsächlich neues Leben in diesem winzigen Korn! Besonders beeindruckend sind für mich Zucchinipflanzen. Aus kleinen, unscheinbaren Kernen entstehen kräftige Pflanzen, die vielfach Früchte tragen. Sie erinnern mich an Jesu Vergleich seines Todes und seiner Auferstehung mit einem Weizenkorn (vgl. Joh 12,24), das nur durch sein In-die-Erde-Fallen Frucht bringen, sich vervielfältigen, sich ganz verschenken kann« (Katharina).

»Das Brotbacken gibt mir viel Hoffnung. Nicht nur, weil Brot gut schmeckt, sondern weil Hefe ein Wunder wirkt: So wenig verwandelt so viel Teig in etwas völlig Neues. Wir fangen klein an – wie die brotbackende Frau im Gleichnis Jesu über das Reich Gottes (vgl. Lk 13,20–21) –, wir fangen klein an, aber wir arbeiten hart, indem wir den Teig kneten, um ihn im Anschluss zu backen und dann das Brot mit unserer Familie und unseren Freunden zu »brechen« und zu teilen. All diese Dinge ermutigen mich, dass eine neue Welt bereits möglich ist: klein anfangen, hart arbeiten und mit anderen teilen« (Garrett).

»Ich bewahre mir die Hoffnung ... weil junge Menschen, die genauso viel Angst und Wut in sich spüren wie ich, trotzdem im Sommer in sehr einfachen und geschwisterlichen Gemeinschaften Permakultur praktizieren; weil sie das politische Engagement neu erfinden, freudig an Wegkreuzungen zelten, um mit Passanten Essen und neue Ideen zu teilen; weil sie Formen von Spiritualität entdecken, die zu einer Resonanz mit anderen Lebewesen führt. Weil Gott das Leben geschaffen hat, eine radikal gute Welt, in der das Böse erst danach kommt und nicht das letzte Wort hat (vgl. Gen 1); weil dieser Gott versprochen hat, dass alle Geschöpfe eines Tages versöhnt (vgl. Eph 1,10) und gemeinsam gerettet werden; und ohne es ganz zu verstehen, glaube ich daran« (Julien).

»Wie wertvoll Gemeinschaft für ökologisches Engagement ist, durfte ich in den vergangenen Jahren selbst erfahren. In meiner Studenten-WG haben wir unser Wissen über Nachhaltigkeit geteilt und gemeinsam Dinge in Bewegung gebracht. Aus dieser Erfahrung heraus geben mir vor allem die Proteste und das Engagement der *Fridays for Future*-Bewegung Hoffnung. Der Mut und die Überzeugung der Jugendlichen beeindrucken mich. Sie geben mir Kraft, mich immer wieder neu auf den Weg zu machen. Und sie stärken in mir den Glauben, dass wir nicht alleine unterwegs sind, sondern in Gemeinschaft mit Gott, der uns diese Erde anvertraut hat.« (Kathrin)

»Die dunstige Sonne erhellte unsere Gesichter, als wir das Gemüse wuschen und schnitten, das wir an diesem Nachmittag auf den Beeten geerntet hatten. Als wir im gegenwärtigen Moment ankamen und das warme Abendlicht der untergehenden Sonne genossen, wurde uns klar, dass Glück keine individuelle Angelegenheit ist. Während unserer Öko-Exerzitien hatten wir uns die Zeit genommen, auf die Bedürfnisse unseres Geistes und Körpers, der Umwelt und sogar zukünftiger Generationen zu achten. Allein das Erkennen unserer Verbundenheit mit allem war bereits eine Quelle des Glücks, da es uns von dem Bedürfnis befreite, immer hinter irgendetwas herlaufen zu müssen. Indem wir lernten, mit dem glücklich zu sein, was wir in der Gegenwart haben, hatten wir bereits die Voraussetzungen für eine nachhaltige Zukunft geschaffen« (Jacques).

»›Seht die Vögel des Himmels: Sie säen nicht und ernten nicht, und euer himmlischer Vater nährt sie‹ (Mt 6,26). Ich bin Priester im Dienst eines Netzwerks für Jugendarbeit und begeisterter Vogelkenner. Immer wieder treffe ich Gruppen von jungen Leuten, und gemeinsam denken wir über Vögel nach! Ich sehe, wie diese jungen Erwachsenen eine überbordende Kreativität zeigen, um der Hoffnungslosigkeit zu begegnen. Je mehr ich sie kennenlerne, desto mehr glaube ich, dass eine Zukunft auf unserer Erde möglich ist. Mit ihnen werden sich Generationen mit der Einfachheit und Genialität der Vögel erheben, und sie werden ihr Vertrauen in den Vater setzen, der sie nährt« (Gabriel).

Fragen für Reflexion oder Austausch

- Was bedeutet mir die Auferstehung Jesu?
- Wer oder was gibt mir heute Hoffnung?
- Was hilft mir im Alltag, die Augen für die kleinen Zeichen Gottes offen zu halten? Bestimmte Weisen des Gebets, bestimmte Haltungen oder Gewohnheiten?
- Was hilft mir, auf dem Weg der sozialökologischen Umkehr und des Engagements für eine enkeltaugliche und gerechte Zukunft weiterzugehen? Welche Rolle spielen dabei andere Menschen, der christliche Glaube, der Kontakt mit der Schöpfung?

Schluss: Augen auf und durch!

Papst Franziskus hat eine Gruppe von jungen Erwachsenen, Christen und Nicht-Christen, Anfang 2021 in den Vatikan eingeladen, ihnen zugehört und am Ende die Botschaft mitgegeben: »Die Zeit der Kompromisse ist vorbei. Es ist Zeit, neue Wege zu beschreiten!« Er betonte auch, Demokratie und sozialökologische Transformation gehörten untrennbar zusammen. Und dass er von den jungen Menschen nicht weniger als eine »Revolution« erwarte.

Die Zeit vor uns wird überaus spannend. Vielleicht kann dabei die ignatianische Spiritualität als »Spiritualität der offenen Augen« helfen. Anhand dieses Stichworts will ich den Bogen dieses Buches noch einmal zusammenzufassen. Wir sind eingeladen,

- das Gute zu sehen und uns in der Dankbarkeit dafür zu verwurzeln;
- die Probleme und die dahinterstehende Wirklichkeit der Sünde wahrzunehmen und zu analysieren;
- mögliche Antworten darauf im Licht des Evangeliums zu unterscheiden;
- uns einen kontemplativen Blick auch mitten im Engagement zu bewahren;
- das Kreuz im Engagement wahrzunehmen und anzunehmen;
- die Auferstehungs-Zeichen der Hoffnung zu sehen und unser Handeln darauf aufzubauen.

Der weite und vertiefte Blick kann helfen, sich zu verwurzeln und frei zu handeln. In diesem Sinne bleibt mir nur noch zu sagen: Augen auf und durch!

Zur weiteren Vertiefung

Bücher

Zur Einführung in die sozialökologische Transformation: Uwe Schneidewind, *Die Große Transformation. Eine Einführung in die Kunst des Wandels*, Fischer 2018.

Zu Katholischer Soziallehre und Transformation: Jörg Alt, *Handelt! Ein Appell an Christen und Kirchen, die Zukunft zu retten*, Vier-Türme-Verlag 2020.

Ein Plädoyer für ein neues politisches Narrativ des Wandels und konkrete politische Vorschläge: Jörg Alt, *Einfach anfangen! Bausteine für eine gerechtere und nachhaltigere Welt*, Vier-Türme-Verlag 2021.

Ein persönlicher und mutmachender Appell des Papstes, sich für eine andere Welt nach Corona zu engagieren: Papst Franziskus, *Wage zu träumen! Mit Zuversicht aus der Krise*, Kösel 2020.

Film

Positive und ermutigende Beispiele des Wandels: *Tomorrow. Die Welt ist voller Lösungen* (2016), ein preisgekrönter Dokumentarfilm von Cyril Dion und Mélanie Laurent.

Internet-Seiten

Die Umwelt- und Sozialenzyklika *Laudato Si'*: http://www.vatican.va/content/francesco/de/encyclicals/documents/papa-francesco_20150524_enciclica-laudato-si.html

Neue Online-Plattform des Papstes, um weltweit Initiativen der sozialökologischen Transformation zu vernetzen und christliche Ressourcen anzubieten (ab Oktober 2021): https://laudatosiactionplatform.org/

Das nachsynodale Schreiben *Querida Amazonia*: http://www.vatican.va/content/francesco/de/events/event.dir.html/content/vaticanevents/de/2020/2/12/querida-amazonia.html

Faktencheck zum Thema Klimawandel: die *KlimaLounge*, ein Blog von Prof. Stefan Rahmstorf vom Potsdam-Institut für Klimafolgenforschung: https://scilogs.spektrum.de/klimalounge/

Großes Archiv von »Geschichten des Gelingens«: https://futurzwei.org/

Die *Fridays for Future*, derzeit größte politische Klimabewegung, vielfältig vernetzt und wissenschaftlich sehr gut beraten: https://fridaysforfuture.de/

Um sich als Christinnen und Christen zu engagieren: www.christians4future.org; https://www.kirchen-fuer-klimagerechtigkeit.de/; https://catholicclimatemovement.global/

In der Reihe »Ignatianische Impulse«
sind bisher u.a. erschienen:

Band 2: Stefan Kiechle, **Sich entscheiden**

Band 4: Heiner Geißler, **Glaube und Gerechtigkeit**

Band 6: Klaus Mertes, **Verantwortung lernen**

Band 13: Stefan Kiechle, **Macht ausüben**

Band 18: Christian Herwartz, **Auf nackten Sohlen**

Band 22: Peter Balleis, **Leidenschaft für die Welt**

Band 23: Josef Maureder, **Mensch werden – erfüllt leben**

Band 27: Bernhard Waldmüller, **Gemeinsam entscheiden**

Band 39: Klaus Mertes, **Widerspruch aus Loyalität**

Band 50: Willi Lambert (Hg.), **Von Ignatius inspiriert**

Band 51: Christian Herwartz, **Brennende Gegenwart**

Band 52: Alex Lefrank, **In der Welt – nicht von der Welt**

Band 54: Hans-D. Mutschler, **Gemeinsam mehr von der Welt wissen**

Band 75: Wendelin Köster, **Reich-Gottes-Politik**

Band 78: Joachim Hartmann/Annette Clara Unkelhäußer, **Freude an Gott – das innere Feuer neu entfachen**

Band 80: Christa Baich / Dorothea Gnau /Christine Klimann, **Wenn wir an Grenzen kommen**

Weitere Informationen zu allen Bänden der Reihe finden Sie unter www.echter.de